四川省重点出版规划项目
四川省科技厅重点研发计划项目

数字时代大数据应用丛书

数据科学
在城市治理中的实践

曾　铭 ◎ 主编

SHUJU KEXUE
ZAI CHENGSHI ZHILI ZHONG DE SHIJIAN

电子科技大学出版社
University of Electronic Science and Technology of China Press

· 成都 ·

图书在版编目（CIP）数据

数据科学在城市治理中的实践 / 曾铭主编. —成都：
电子科技大学出版社，2023.12
（数字时代大数据应用丛书）
ISBN 978-7-5770-0044-2

Ⅰ. ①数… Ⅱ. ①曾… Ⅲ. ①城市管理-研究-中国
Ⅳ. ①F299.22

中国版本图书馆 CIP 数据核字（2023）第 005078 号

数据科学在城市治理中的实践
曾　铭　主编

策划编辑　谢忠明　李　倩
责任编辑　李　倩

出版发行　电子科技大学出版社
　　　　　成都市一环路东一段 159 号电子信息产业大厦九楼　邮编　610051
主　　页　www.uestcp.com.cn
服务电话　028-83203399
邮购电话　028-83201495

印　　刷　成都市火炬印务有限公司
成品尺寸　170 mm×240 mm
印　　张　12.5
字　　数　230 千字
版　　次　2023 年 12 月第 1 版
印　　次　2023 年 12 月第 1 次印刷
书　　号　ISBN 978-7-5770-0044-2
定　　价　68.00 元

本书编委会

主　编　曾　铭

副主编　代幻成

成　员　（按姓氏笔画排序）

白　蔓　张　峻　张子武

赵继扬　曹　菲　谭　涛

序

　　数据科学持续发展并显示出越来越清晰的应用前景。城市治理运用大数据的成果逐步显现。数据科学与城市治理结合，既推动了数据科学的发展，又为城市治理带来新的方法与模式。本书正是一部探索数据科学与城市治理相结合的力作。

　　正如书中所述，城市是人类文明的产物，更是文明发展的摇篮。城市集聚了大量的人、产业和财富，建设了各类物质基础设施，同时也产生、积聚着大量信息，进行着数字基础设施的建设。

　　科学技术是城市发展的核心要素。翻开城市发展史，每一个进步都刻印着科技的烙印。科学是城市治理不可或缺的工具，规划、统计及后起的模式识别，贯穿于城市建设和管理的各个环节。

　　信息是城市治理的基础之一，没有信息，管理者难以决策，办事者缺乏依据。随着城市规模的扩大、城市功能的拓展、信息技术应用的深入，城市产生、积聚着越来越多的信息，这些信息以数字化的方式传递、处理、应用和存储。大数据成为城市生态中的一环，数据治理成为城市治理的一项任务，数字化成为城市治理的基础，自然而然，数据科学便成为城市治理的工具。本书通过对城市和城市治理、大数据与数据科学的系统性知识梳理，总结了数据科学在城市治理中应用的范例，指出了城市治理发展的趋势与方向。

　　本书从数字基础设施、社会安全、公共卫生、城市各类状态的可视化、城市风险防控等方面介绍了数据科学在城市治理中取得的成效。本书也实事求是地指出了数据科学在城市治理中如何发挥更加显著作用时所面临的困难，特别是数据质量问题，以及数据流通不畅、数据挖掘能力、法律和制度层面的不足。

　　正是这种务实的、系统的、多维度的介绍和分析，本书一定能让相关领域的读者从中受益，并在数据科学和城市治理中发挥积极作用。

　　是以为序。

杨子山

2022 年 9 月 15 日

前　言

　　著名城市经济学家爱德华·格莱泽（Edward Glaeser）在其著作《城市的胜利》中提出"城市是人类最伟大的发明与最美好的希望"，掀起了城市规划与发展的一股热潮。在全球城市化发展的背景下，中国城市化进程也逐步加快。自 1949 年新中国成立以来，我国城市发展经历了稳步建设期、特殊时期的停滞徘徊期、改革开放后的稳定发展期、平稳增长期以及快速发展期五个阶段，每一个阶段的城市发展各有特色，但都离不开产业结构的变动、城市人口的流动、经济市场的要素运转等，这些促使中国城市化取得了显著的成就，但同时也引发了当时环境下的社会问题。

　　进入 21 世纪，我国的城市化全方位转型升级，快速城市化伴随着城市规模的不断扩大，对社会的影响也在不断加深。特别是党的十八大提出的一系列关于城市治理的政策，通过政策指引，我国在新型城镇化、环保和公共服务、城市规划、治理机制改革等多方面取得了令人瞩目的成就。虽然之前的旧问题仍未全部解决，新问题又接踵而来，但是我国城市治理的脚步却未曾停歇：从最开始建立城市管理基础组织，到大力倡导建立工业化城市，再到改革开放后以经济建设为中心、以人为本的科学发展观为指导思想的新型城镇化建设，直至如今走上城市治理现代化之路……虽然过去经历了坎坷煎熬，现在终归是迎来了 21 世纪信息化、现代化的新世界。然而当下新旧问题掺杂，仅依靠过去的经验是不能够解决的，城市治理现代化这条漫漫之路该从何处起步，又去往何方？

　　值得庆幸的是，信息化时代的到来为城市增添了无限生机。城市中的每个人、每一座建筑、每一台机器，几乎所有的实体都可以且逐渐需要用数据体现其属性特征，仿佛每一个实体都被赋予了数字生命。同时，大数据和社交媒体的出现、计算能力的加速、计算机存储设备成本的大幅降低，以及更强大的数据分析和建模方法的发展，使得机器学习、深度学习、人工智能等数据科学技术在城市医疗卫生、交通出行等各个领域产生了巨大且积极的影响，并逐渐推动当代社会对数据科学需求的增长。

　　数据科学由一系列原理、问题定义、算法和过程组成，用于从大型数据集中提取有用的但是较为隐性的方法，目标是通过收集相关和准确的数据以提供更好、更精确的数据洞察力来改进决策。为了实现城市治理的各种目标，必须以充分掌握城市各种信息为前提，将数据科学运用于城市治理的决策，将数据、信息、知识转换为智慧，从城市各个方面听民声、取民意，感知与预判城市生活的种种问题，进而实现快速、有效的科学决策。因此，数据科学必能作用于城市治理的科学决策体系。

然而，数据科学是一把"双刃剑"，这把剑是否能够在城市治理中用得好，取决于人类能否处理好所面临的数据孤岛、数据安全等重重挑战。因为城市治理的复杂性、城市资源的有限性以及数据自身的风险性，这些挑战能否最终被克服都将由治理体系与治理能力现代化的具体举措所决定。

因此，必须推进城市治理体系与治理能力的现代化，通过城市管理模式的创新促进国家治理体系和治理能力现代化。以构建新型智慧城市为抓手，推进城市治理智慧化、数字化转型，以数据为基础构建的精细化智慧治理必定是未来城市治理的重要发展方向，更是通往城市治理精细化道路的必然之举。

数据科学正在并将继续对我们在城市中的日常生活产生巨大影响。如果使用得当，它有可能改善我们的生活。但是如果想让城市生活、个人生活从数据科学中受益，我们需要理解和探索什么是数据科学，它是如何工作的，以及它"能"和"不能"做什么。希望本书能让读者了解数据科学，感受数据科学在城市治理中的作用机制和现实挑战，知晓未来的城市发展规划愿景，为读者在城市发展与治理上建立新的认知、新的模式提供思想启蒙与引导，同时希望为我国城市治理提供可参考的方向。

本书为四川省图书出版规划项目、四川省科技厅重点研发计划项目（立项编号：2021YFS0406）成果。

本书编委会
2022 年 7 月 20 日

目　　录

第❶章
新中国城市治理概述

在这个世界上，我们人类是唯一建设城市的生物。

——简·雅各布斯《美国大城市的死与生》

新中国成立以来，中国城市面貌发生了翻天覆地的变化，中国城市在经济、文化、教育、医疗等各方面都进行了快速迭代、飞速发展。特别是进入新时代以来，随着城市不断发展，中国城市开始全方位转型升级，城市治理所面临的主要矛盾不断变化，城市治理模式不断发展。随着第一个百年奋斗目标的实现，城市治理也向着现代化、精细化方向发展。

"十三五"规划实施以来，我国城市发展取得了诸多举世瞩目的成就。从2020年我国常住人口城镇化率攀升至63.89%[1]，到打造"望得见山，看得见水，记得住乡愁"的城市生态；从参与全球分工、重塑城市格局，到"刀刃向内"清除城市治理制度障碍，各个城市都闪耀着自己独特的光芒，呈现出含金量高、动力充沛、协调性好、可持续性强的发展趋势。

当前，世界面临百年未有之大变局，中国正在加速构建以国内大循环为主体、国内国际双循环相互促进的新格局，这一发展形势将对中国城市产生重大影响，也对各城市做好"十四五"规划提出了更高要求。

2021年是"十四五"规划的开局之年，而"十四五"时期是开启全面建设社会主义现代化国家新征程的第一个五年。新征程下城市治理面临诸多困难，特别是公共卫生事件的冲击对现代城市治理提出了更多挑战，新征程下如何更现代化、更精细化地进行城市治理，以满足人民日益增长的美好生活需要，这是个值得思考的问题。

1.1　城市的发展

城市发展是一个自然历史过程，是农村人口向城市集聚、农业用地按相应规模转化为城市建设用地的过程。未来学家托夫勒认为，高技术产业发展和中国城市化是21世纪世界经济增长与社会发展的两大驱动因素[2]。过去，有的城市"摊大饼"式盲目扩张，资源环境不堪重负，"城市病"问题突出；有的城市媚洋求怪，特色风貌尽失；有的城市重"硬"轻"软"，人文精神流失。出现这些问题，除了少数人受不正确的政绩观驱动，还有一个重要原因，就是没有充分遵循城市的发展规律。

1.1.1　城市的概念

最早的"城市"定义是指能够进行商品交易（交换）的人口集聚场所，后随着时代的变迁才逐渐演化成现代意义的"城市"。即城市是以人为主体的空间，其中包括自然环境与人文环境，并且以经济集聚为主要特征，在特定的地域内产生一定的社会效益，是基于人口、经济、技术等于一体所形成的社会系统。相较于农村而言，城市所具备的要点有：一是产业以工商业为主；二是存在联结与集中的特征；三是存在市场网络；四是政治、军事、物流等节点；五是综合功能复合体；六是文化的归集。当前人们对城市的理解，一般是从城市人口规模、城市非农人口的占比、城市建筑物密度、城市基础设施建设、城市功能、生活方式等方面出发。

中国现代经济学家于光远对城市的定义为：城市是人口集中、工商业比较发达的地区[3]。这个定义非常简明扼要，有两个关键点：一是人口集中，二是工商业比较发达。这个定义描述了城市的两个重要特征。美国城市学者、哈佛大学著名的城市经济学家爱德华·格莱泽（Edward Glaeser）对城市的定义为：城市是人、公司之间空间距离的消失，代表了接近性（proximity）、密度（density）和亲近性（closeness）[4]。这个定义依然只描述了城市的特性，也就是距离缩短、密度增加、交流增加，而没有回答城市发展的一些基本问题。格莱泽强调物理空间距离的缩短和人口密度的增加，这和于光远在《经济大辞典》强调的"人口集中"实质上是一样的。在格莱泽关于城市的概念中，密度的增加带来便利的增加、效率的提高，这是城市的奥秘所在。

对于密度的强调，也见诸著名经济学家、哲学家的笔端。马克思、恩格斯就曾这样写道："城市本身表明了人口、生产、工具、资本、享乐和需求的集中，而在乡村里所看到的却是完全相反的情况：孤立和分散。"[5]马克思和恩格斯讲述的城市与乡村的区别，其实也体现出集中与分散的特点。马克思和恩格斯指出的农村的"孤立和分散"的特点，与老子所说的"邻国相望，鸡犬之声相闻，民至老死，不相往来"，颇有相像之处。由此引申，倘若乡村的特点是"孤立和分散"，城市作为乡村的对立面，其特点就是"联结与集中"。这一点，在英国城市经济学家 K. J. 巴顿（K. J. Button）对城市的定义中表述得更加直接：城市是一个在有限空间地区内的各种经济市场——住房、劳动力、土地、运输等相互交织在一起的网状系统[6]。城市之所以能够集中，是因为形成了一个网络，人们在大大小小的网络节点上找到了自己的位置。

不过，巴顿作为一个经济学家，他眼中的网络是各种市场的网络，包括住房、劳动力、土地、运输等。但城市是个多维的复合体，除有经济属性之外，还有很多其他属性。比如，卢梭就曾经说过，房屋只构成镇，市民才构成城。卢梭这句话强调的是城市的人文属性和治理属性。

再比如，城市还有重要的军事属性。在古汉语中，"城"与"市"最初是两个不同的概念："城"指一定地域上用作防卫而围起来的墙垣；"市"则指进行交易的场所，是商品流通的中心。关于"城"，《墨子•七患》给出的定义是"城者，所以自守也"。《管子•度地》中有"地之守在城"，《吴越春秋》中有"筑城以卫君，造郭以守民"的记载。关于"市"，《周易•系辞下》记载："日中为市，致天下之民，聚天下之货，交易而退，各得其所。"《孟子•公孙丑》记载："古之市也，以其所有，易其所无，有司者治之耳。"《管子•小匡》记载："处商必就市井。"从这些文献可以看出，早期中国城市的首要属性是安全属性。古代的城，往往首先是军事要塞，然后才衍生出交易的市场和其他文化属性。在此略微引申一下，在军事和安全属性的背后，其实是政治属性，因为在人类社会的大部分时间里，政治和军事是相关联的，城市往往是政权和军事的中心，单纯靠商业发展起来的城市很少。"城"与"市"两个字组成新的词"城市"，这说明一定的地域空间与空间内的人口和经济结合起来，才构成城市。

美国城市规划理论家、历史学家刘易斯•芒福德（Lewis Mumford）也曾给城市下过定义：城市不只是建筑物的集群，它更是各种密切相关并经常相互影响的功能的复合体——它不单是权力的集中，更是文化的归集[7]。芒福德对城市的定义虽然有一点抽象，但是更加深入。芒福德想将城市的表象与本质区分开。密集、人众、城墙、建筑，这些只是城市的表象，功能、权力、文化才是城市的本质特征。芒福德没有从任何单一的角度去理解城市，更没有把城市定义为人口、经济或者建筑的集群，而是着重探究城市背后的复杂关系。

以上，我们可以看出城市的定义包含以下要点：一是，城市产业以工商业为主；二是，城市的典型特征是联结和集中；三是，城市是多个市场交织形成的网络；四是，城市不仅仅是市场网络，还是重要的政治、军事、安全中心；五是，城市是功能的复合体；六是，城市是文化的归集。

至此，我们获得了一个城市的"静态画像"，但依然不知道城市发展的"动力机制"。而只有了解了城市发展的"动力机制"，才能明白城市为什么会发展，什么样的城市会发展，也才能回答开篇提出的问题：为什么城市会是人类文明的坐标。

1.1.2 城市发展的规律

发展总是伴随着变革，城市发展也是如此。目前考古发现的人类最早的城市是约公元前 4500 年两河流域中下游的苏美尔文化时期的著名城市尼普尔城、乌鲁克城等，然而在第一个城市诞生后的数十个世纪中，城市化进展非常缓慢，城市的区域很小，对周围的影响也不大。城市的第一次扩散发生在古希腊及希腊化时代的公元前3—前1世纪。随着古罗马帝国的兴起，城市生活方式很快在欧洲风行一时。其后，城市生活随着古罗马帝国5世纪的衰落而衰落。直到10—11世纪，城市发展在世界人类社会舞台上才变得重要起来。在12—13世纪，由于地方和长距离贸易的发展，中世纪的城市开始兴起。到中世纪结束时，欧洲的大多数城市都已经形成和发展起来。

初期城市化的发展经历了不同的历史时期，主要表现在以下几个方面：第一，在互惠的社会，交换是在无权力约束的情形下展开的，城市的分布和发展主要以人口为基础。第二，当生产活动增加、剩余产品出现后，最早的平等主义社会结构被人类社会的等级体系结构所取代，这就是所谓的城市等级再分布时期，其特征是军事和宗教功能在城市中出现。第三，为了鼓励经济增长，贸易变得尤为重要。第三次社会分工产生，以货币为中心的交换系统在城市发展起来，城市的贸易功能开始出现。第四，出现了全球城市化的第四、第五时期，即重商主义和资本主义的发展。为了进一步发展城市和经济，就需要大量的土地资源与之相对应，殖民主义时期应运而生。

18世纪和19世纪，欧洲早期的工业革命造就了现代世界的城市化格局，即工业化带来了大规模生产，改进了农业机械和种植技术、食品保鲜技术、交通和通信技术等，使人们有可能在拥挤的城市里生活。18世纪晚期至19世纪早期，快速城市化进程与逐步的工业化和经济变化交织在一起，表现为自工业革命以后的城市化与工业化相伴而生的现象。这一时期城镇的劳动力需求表现为稳定的增长，而技术进步也允许农村的劳动力逐步转移到城市。这一时期存在着从农村到城市的稳定移民流。这一时期的城市化是一个复杂的社会发展过程。与工厂制度相关联的工业资本主义使劳动者迫于工资而工作，资本家则控制生产手段，迫使劳动者出卖劳动力。与此同时，工厂制度也促进就业规模的扩大，使生产迅速发展。由于这一时期城市的健康和卫生状况较差，城市人口增长得并不太快，所以表现为发达国家的城市化进程是一个平滑的过程，即：逐步的人口转移与经济结构变化相适应。这就是金斯利·戴维斯（Kingsley Davis）的经典城市化曲线理论[8]。

第二次世界大战以后，世界城市化的主流向发展中国家转移，特别是南美洲、亚洲、非洲的城市化进程加快。自1945年发展中国家出现了快速的城市化，其整个城市化过程与经典的城市化曲线不相符。主要表现在：发展中国家人口自然增长率高，总人口快速增长，快速的城市化过程普遍表现为工业化滞后于城市化，就业机会增长与人口转型不相适应。

发展中国家城市化与工业化过程相脱离，由许多原因造成，主要有"推"和"拉"两方面的因素。"推"的因素是发展中国家经济基础差，缺乏资本、技术和市场，劳动力向城市地区的流动加快，但与就业岗位增加和劳动力素质提高不相适应。"拉"的因素主要是城市提供良好的医疗服务、教育、市政等城市基础设施，成为年轻人向往的理想生活区。从历史上来看，市场和基础设施都在发展中国家门户城市集聚，例如我国的北京、上海、广州、深圳等城市，因此也就导致了工业和商业的就业机会主要集中在大城市地区，这就进一步加剧了发展中国家城市的迅速膨胀，城市住房、交通、生态环境等问题不断凸显，一系列城市问题和城市病随之而来。

人类社会早期的生产力水平低下，后来随着手工业及商品交易的发展，部落间的物资频繁流动，出现地方人口集聚，形成了早期的城市。封建制度改变了以农业为主的社会结构，商人的兴起使人类社会生产力水平大幅度提升，同时，商品借助多种多样的交通工具在更广的范围内流动。工业革命时期，城市规模越来越大、分工越来越精细，促使生产力实现质的飞跃，机器生产成为城市形成与发展的驱动力量。生产资料的快速集中，促进了城市的产生与发展，也促进了生产力的不断提升。

1.1.3　城市发展的本质

城市是一个有机生命体。城市规模的不断扩大，对社会的影响在不断加深，但城市是人创造的，归根结底，城市的产生也是为了人的生存与发展。马克思主义的终极价值是以人为本，城市发展的最终目的和归宿是实现人的自由和全面发展。同时，人与自然和谐发展、城市和乡村的辩证关系、城市生产力等都为城市全面发展指明了方向。城市的发展与变化，实质上是人类社会的发展与变化。因此，城市的本质在于满足人的需要、正确处理与自然环境的关系、城乡和谐发展。

城市之所以能成为人类文明的坐标、现代经济的载体，是因为城市是和人类文明一起生长的。具体来说，城市不仅能吸纳文明进步的成果，还把这些成果记录在自己的基因中，并随着进一步的文明进步而生长。城市的基础设施和主要设备，记录着当时最先进的科技文化成果。城市的功能机构，比如政府、企事业单位等，记录着当时最先进的制度成果。不仅如此，城市还用文字资料把这一切整理下来，以备后人学习、使用、改进。通过这些记录，城市保留了人类文明的优秀成果，并随着人类文明一起发展。

现在，我们就明白了城市的本质。从静态层面看，城市有一系列特征，包括政权的中心、人口和工商业的聚集地、多个市场交织的网络、功能复合体。从动态层面看，城市可以说是一个生长的生命体，其基础设施网络和功能结构网络记录了城市生长演化的历程，是城市生长的基因。

而不同时代反映出的城市的表象是不同的，城市形态的更新是永无止境的。所以，城市的发展是动态的，是随着各方关系、利益动态变化的，城市的表象是不停更新与动态变化的。

1.1.4 新中国城市的发展历程

在不同的历史与社会背景下，不同城市的基础与格局不同，自然演变过程不同，现代化过程也不同，这就造就了城市的不同发展新历程，而这些特殊的发展历程，应该成为我们重点与最先讨论、分析的对象。

中国城市化过程既不与发达国家的城市化过程相吻合，也不同于其他发展中国家的工业化明显滞后于城市化的情况。中国农村人口众多，流动人口数量巨大，城市化滞后于工业化进程。2001年，中国加入WTO[①]，全球化对国家经济和社会的影响与日俱增，城市化成为中国社会转型期的重要特征。当时，中国城市化研究需要回答这样的问题：一是社会剩余产品概念是否适合中国建立城市化的理论框架；二是用全球化和后现代主义思潮可不可以解释中国不同地区城市体系的空间格局、发展过程，以及典型城市地区的空间结构；三是全球化过程是怎样影响中国城市的，而中国城市化又是如何响应全球化过程的；四是用现有的城市化理论和发展理论能否进行中国城市化形态、过程和机制分析。[9]

在人类社会发展的大背景下，中国逐步探索出人民与城市发展之路。从1949年中华人民共和国成立至今，中国城市发展经历了稳步建设、特殊时期的停滞徘徊、稳定发展、平稳增长和快速发展五个阶段。

1. 第一阶段，1949—1957年：稳步建设期

1951年2月，毛泽东在中共中央政治局扩大会议提出"三年准备，十年计划经济建设"的思想，从1953年开始实施第一个五年计划[10]（简称"一五"计划）。国家"一五"计划的基本任务是集中主要力量进行以苏联帮助我国设计的156个建设项目为中心、由694个大中型建设项目组成的工业建设[11]，优先发展重工业，从而初步奠定我国社会主义工业化的基础。

---

① WTO：世界贸易组织（World Trade Organization），简称世贸组织，是一个独立于联合国的永久性国际组织，总部位于瑞士日内瓦。

五年基本建设计划，先是对地区的分布重点发展作了比较合理的部署，关于城市建设的任务不是发展沿海的大城市，而是要在内地发展中小城市，并适当地限制大城市的发展。

在城市建设计划方面，各省市根据节约资金和合理分布的原则，对新建和必须改建、扩建的城市进行总体规划，防止盲目建设和人口集中过多的现象。新建和改建、扩建的城市的公用事业建设，根据首先为工业建设和工业生产服务的方针，及时地保证新建、改建的企业和扩大生产的企业在供水、排水、道路、桥梁等方面的需要；同时应该根据城市总体规划的要求，分轻重缓急地进行，避免安排不当而造成浪费。发挥城市原有的公用事业设施的潜在力量，并根据地方财力的可能，增加某些必要的设施来满足城市劳动人民当前最迫切的需要。加强对城市建设资金的管理，适当地划分城市公用事业和一般市政建设的投资范围，并根据实际需要，在自筹经费中调剂出一定数量的资金用于城市的建设和维护[12]。

"一五"计划的制定与实施标志着系统性建设社会主义的开始。"一五"计划期间，全国城市建设如火如荼，重庆可以说是其中的佼佼者。1953年，在"一五"计划开始的同时，重庆也开启了具有鲜明地方特色的本地第一个五年计划，并于1957年超额完成了既定任务，为未来工业化发展奠定了坚实基础[13]。

2. 第二阶段，1958—1978年：停滞徘徊期

1949年后，中国各族人民在政治上翻了身。但是，现实中存在的工农差别、城乡差别、体力劳动与脑力劳动的差别，成为中国社会分层和贫富差距的根源。毛泽东进行社会改造的理想，就是去建立一个人与人之间完全平等的社会主义新型社会。他把工农差别、城乡差别、体力劳动与脑力劳动差别，称为"三大剪刀差"[14]，其中最关键的是工农差别和城乡差别。消除"三大剪刀差"，是他致力要建立的平等社会的模式。

3. 第三阶段，1978—1992年：稳定发展期

1978年开始的改革开放和经济转型为我国经济和社会带来了巨大变化，我国城市化进入稳定发展期。中共十一届三中全会以后，农业生产和农村经济得到迅速发展，与此同时，乡镇企业尤其是乡镇工业得到了空前的发展，以工业和服务业为代表的城市经济也在改革开放的推动下获得巨大增长。国民经济的持续快速发展为我国城市化的持续推进提供了良好的经济承载力与社会基础以及强劲的动力。这一时期，常住人口城市化率由1978年的17.92%[15]提升到1992

年的 27.63%[16]，年均提高 0.69 个百分点。

中共十一届三中全会后，城市经济体制改革也开始试点工作，如：逐步扩大企业自主权；把一部分中央和省、自治区直属企业下放给城市管理；实行政企分开；进行城市经济体制综合改革试点等。四川省较早地于 1978 年 10 月进行扩大企业自主权的试点工作[17]。不久，试点范围进一步扩大，扩权改革的企业迅速增加。过去那种企业只按计划生产、不了解市场需要、不关心产品销路和盈利亏损的局面得到初步扭转。在企业扩权试点和农村生产责任制的影响下，不少企业还围绕国家与企业之间、企业与职工之间的责、权、利关系，实行经济责任制，试行厂长负责制，克服企业吃国家"大锅饭"和企业内部吃"大锅饭"的现象。经济责任制很快在工业企业中得到推广。这一时期，就业制度的改革也成效显著。在劳动就业问题上，改变计划经济体制下多年形成的对劳动力统包统配、动员城镇待业青年上山下乡的做法，制定"解放思想，放宽政策，发展生产，广开就业门路"的方针[18]，调整所有制结构和产业结构，扶持集体经济，允许个体经营，创办劳动服务公司，拓宽就业渠道，从而初步解决了多年积累的知识青年就业问题，也为进一步改善所有制结构、形成新的就业制度奠定了良好基础。

随着经济改革的推进，对外开放开始有重大突破。创办经济特区为实行对外开放提供了一个新的思路。1979 年 4 月 5 日至 28 日，中共中央召开工作会议期间，邓小平听了广东省委负责人关于在毗邻港澳的深圳、珠海和侨乡汕头开办出口加工区的建议，当即表示："还是办特区好，过去陕甘宁就是特区嘛，中央没有钱，你们自己去搞，杀出一条血路来！"[19]会议决定，在深圳、珠海、汕头和厦门划出一定的地区单独进行管理，作为华侨和港澳商人的投资场所。在来自全国各地的建设大军的艰苦努力下，深圳、珠海这样往日落后的边陲小镇、荒滩渔村，不过四年工夫，就变成了高楼矗立、初具规模的现代化城市，成为引进外资和先进技术的前沿地区。

改革开放后几年间，新事物接踵涌现。在坚持和完善社会主义基本制度的前提下，前所未有的改革开放和社会主义现代化建设的新道路逐步展开。从 1978 年到 1982 年，全国工农业总产值平均每年增长 8.42%[20]，这是在国民经济重大比例关系趋于协调的情况下取得的发展速度，人民生活得到明显改善。

1983—1992 年，乡镇企业的发展和城市改革逐步成为城镇化发展的主要推动力。1984 年，党的十二届三中全会把改革重点转向城市；1992 年，邓小平南方谈话推动我国改革进入新阶段，党的十四大明确提出了建立社会主义市场经济体制的新要求，促进了非农产业的发展。

在这一时期，政府主要采取的措施包括严格控制大型城市的扩张、鼓励中小城市的发展、积极建设农村集镇等。1984 年 4 月，中共中央、国务院召开沿海部分城市座谈会，并于 5 月 4 日发出《沿海部分城市座谈会纪要》的通知，确定进一步开放大连、秦皇岛、天津、连云港等 14 个沿海城市；1992 年，我国对 5 个长江沿岸城市，东北、西南和西北地区 13 个内陆地区省会城市实行沿海开放城市的政策。沿海及内陆开放城市逐步带动周边小城市及小城镇的发展，极大地推进了我国城市化的进程。受益于第二产业的飞速增长，大量农村人员开始进入城镇务工，我国城市化建设步入了良性发展的轨道。1984 年和 1986 年国家先后放宽建制市镇的标准，我国建制市镇数量大量增加[21-22]。1992 年，我国城市数量为 532 个[23-24]，建制镇大幅增长至 14 539 个，城镇人口增加至 3.22 亿，城镇化水平也上升至 27.46%[①]。

4. 第四阶段，1993—2002 年：平稳增长期

从中共十四届三中全会（1993 年）到中共十六大（2002 年）前后是我国城市化演进的第四阶段。1993 年 11 月召开的中共十四届三中全会，坚持以乡镇企业推动农村地区工业化，将乡镇企业发展与集镇化相结合，使小城镇成为农村地区的工商业中心；同时，对限制农村剩余劳动力流动的政策作出了适当调整。

这一时期，以开发利用和合理配置人力资源为发展劳动力市场的出发点，对于农村剩余劳动力，不再限制其流动，而是鼓励这些劳动力向非农产业逐步转移，引导其在地区之间进行有序流动。"逐步改革小城镇的户籍管理制度，允许农民进入小城镇务工经商、发展农村第三产业，促进农村剩余劳动力转移"[25]这一政策决定，是首次在中共的决议文件中提出以改革户籍制度来促进农村劳动力的转移，这在一定程度上突破了 1958 年颁布《中华人民共和国户口登记条例》以来，农民"未经允许，不得迁往城市"的限制，具有重要的阶段性标志意义。1994 年 9 月，国务院六部委联合发布《关于加强小城镇建设的若干意见》，它是我国小城镇健康发展的第一个指导性文件，也是政府引导城镇化的开端。

对农村剩余劳动力从消极限制其流动，转变为引导其合理有序流动，成为城市化政策转向积极的一个信号。引导劳动力的合理有序流动，对大中城市的人口流入，保持了相当程度的警惕。1998 年召开的中共十五届三中全会强调，

---

① 根据国家统计局数据计算。详见：https://data.stats.gov.cn/easyquery.htm?cn=C01。

发展小城镇是带动农村经济和社会发展的一个大战略，有利于乡镇企业的相对集中，也有利于更大规模地转移农村富余劳动力，避免其向大中城市盲目流动。这一方针体现、延续了 1990 年 4 月 1 日起施行的《中华人民共和国城市规划法》中所提出的"严格控制大城市规模、合理发展中等城市和小城市"的立法意图。2000 年，中共中央、国务院出台的《关于促进小城镇健康发展的若干意见》，使各级政府对中小城市尤其是小城镇的发展采取了更为积极的态度，推动农村人口向小城镇而非大中城市转移。据此可见，20 世纪 90 年代末期，建设和发展小城镇已经上升为推进城市化进程的国家战略，这一城市化战略不仅有利于转移农村富余劳动力，解决农村经济发展中的深层次矛盾，而且将刺激民间投资，拉动内需，为经济社会的进一步发展提供广阔的市场空间和持续增长的动力，"走出一条在政府引导下主要通过市场机制建设小城镇的路子"[26]。

中共十五届五中全会关于"十五"计划的建议中，将"产业不合理，地区发展不协调，城镇化水平低"视为经济结构中存在的三大问题和我国经济发展中的突出矛盾。对此，国家希望以城镇化建设带动投资和内需，刺激经济发展，而小城镇建设则被视为提高我国城镇化水平的主要渠道。政府如何引导城镇化和小城镇发展以符合市场经济条件下的城市发展规律，成为城市化政策演进的一个重大课题。1999 年，在小城镇建设已经取得重大成就之后，如何进一步发展的问题，时年 90 高龄的费孝通在接受采访时提出："现在不能再就小城镇谈小城镇了，而必须放到中国城市化体系的大框架里来研究，小城镇的发展要以全国城市化和现代化为大背景，作出战略性的长远思考和选择，小城镇的进一步发展，需要更高层次的中等城市的带动。"[27]2000 年，参加研讨的各省、自治区建设厅厅长在原建设部举办的城镇化政策高级研讨班上提出了很多好的建议和意见，大城市是国家和区域经济发展的核心，20 世纪 90 年代我国发展迅速的中小城市和小城镇主要位于沿海城镇密集地区和内陆区域性中心城市周围，更加说明大城市与中小城市的发展相辅相成和互为依托。因此，城镇发展的政策重心应从控制向积极引导转变，逐步推进不同规模的城镇有序发展，完善大中城市功能，合理发展大城市，积极发展中小城市，有重点地加快小城镇建设，防止"一哄而起"。这种来自政府管理工作一线的政策转换思路，成为21 世纪我国城市化政策进一步调整和完善的重要基础。该思路在《中共中央关于制定国民经济和社会发展第十个五年计划的建议》中得到体现。该建议提出，要不失时机地实施城镇化战略，一方面要注重小城镇建设，但要"合理布局，科学规划，规模适度，注重实效"；另一方面，应逐步形成合理的城镇体系，"在着重发展小城镇的同时，积极发展中小城市，完善区域性中心城市功能，发挥大城市的辐射带动作用"，"走出一条符合我国国情、大中小城市和小城镇协调发展的城镇化道路"。

5. 第五阶段，2003 年至今：快速发展期

这一时期，我国的 GDP 持续高速增长，城镇化发展迅速。2010 年，我国成为世界第二大经济体，2015 年，我国由传统农业大国转变为城镇化水平超过全球城镇化平均水平的城市型国家。[28]

国家及地方对生态环境的高度重视促进了城市生态规划的兴起。这一时期，国家高度重视国土与城市生态环境，这与"生态"在经济、政治、生态、文化体系中地位提高密切相关。[29]

第一，编制了越来越完善的环境保护规划[30]。第二，在国家的发展战略规划——《国家新型城镇化规划（2014—2020 年）》中对生态环境给予前所未有的高度重视，提出了众多的"生态命题"，这表明在国家层面已经将城镇化与生态环境紧密关联。第三，"十三五"规划中纳入并强调"加快改善生态环境"，显示了国家层面对生态环境的极大关注。第四，2016 年 12 月，住房和城乡建设部、当时的环境保护部联合印发的《全国城市生态保护与建设规划（2015—2020 年）》，将城市生态空间、生态园林与生态修复、城市生物多样性保护、污染治理、资源能源节约与循环利用、绿色建筑、绿色交通等作为该规划的主要任务，并提出了具有考核性与引导性两种类型的指标体系。此外，2002 年 10 月 28 日第九届全国人民代表大会常务委员会第三十次会议通过《中华人民共和国环境影响评价法》①；国家环境保护总局②2003 年印发《生态县、生态市、生态省建设指标（试行）》③，2004 年印发《生态县、生态市建设规划编制大纲（试行）》；等等。这些都是国家层面重视生态环境的表征，对我国城市开展生态规划具有较大的促进作用。

低碳生态城市规划成为改善城市生态环境的重要规划类型。自 2009 年起，

---

① 此后，根据 2016 年 7 月 2 日第十二届全国人民代表大会常务委员会第二十一次会议《关于修改〈中华人民共和国节约能源法〉等六部法律的决定》第一次修正，根据 2018 年 12 月 29 日第十三届全国人民代表大会常务委员会第七次会议《关于修改〈中华人民共和国劳动法〉等七部法律的决定》第二次修正。

② 2008 年，国家环境保护总局升格为环境保护部。2018 年，环境保护部撤销，生态环境部组建。

③《生态县、生态市、生态省建设指标（试行）》自 2010 年 12 月 22 日起废止。

低碳生态城市及其规划成为我国城市生态规划领域的热点之一。其作为具有中国特色的生态城市类型，为我国城市发展模式的转型提供了明确的方向和思路[31]，也对我国城市生态规划的发展走向产生了重要影响。2010 年，《中国低碳生态城市发展报告（2010）》的出版是这一时期我国城市生态规划领域的一个重要事件。该书的特点之一是将低碳生态城市规划建设与我国社会经济领域的最新动态予以结合[32]。

除一般意义的生态文明外，具有一定特殊性的生态文明类型，如水生态文明也被纳入城市生态规划的范畴，使得生态文明与物质性规划有了较为实质性的关联[33]。此外，理论与实践工程也在生态文明的背景下得到了充分的发展，如：既有与生态文明相关联的（生态）环境规划理论的研究[34]，也有以"生态文明工程"为目标的生态规划实践[35]。

1.1.5　新中国城市发展的成就与问题

国际知名的城市规划专家、美国规划委员会董事和国家公共管理科学院院士爱德华 J. 布莱克利（Edward J. Blakely）教授曾在采访中说，中国 30 年来城市化发展的最大成就在于城市成为社会经济空间聚落的主导形态[36]。2020 年后，中国现代化发展使城市化逐渐步入高速发展阶段。中国城市发展创造了世界人类文明发展史上的奇迹，中国城市的现代化突出地表现在新型城镇化建设的人类文明实践上。城市居民的居住条件、生活配套、通勤设施、公共空间、社会保障等不断提升与改善，城市居民的满意度不断提升，对城市的认同感与归属感不断增强。

党的十九大报告指出，中国特色社会主义进入新时代，我国社会主要矛盾已经转化为人民日益增长的美好生活需要和不平衡不充分的发展之间的矛盾。新时代既有城市的新发展和新空间，也有新矛盾和新问题。在快速城市化的背景下，空间的迅速扩张、经济的快速发展衍生而来的城市空间形态发展不均、城市农村居民差异、环境污染、贫富差距扩大等社会问题与城市问题不容忽视。

中国未经过完整的工业化就进入了后工业化时代，中间没有任何形式的过渡，大多数城市的形态从小规模的市区直接转变为大规模都市，这样的城市化进程过快，缺少了一些规模适度的城市形态。这种城市空间形态的缺失是中国城市化进程中的一大问题。

中国城市发展的另一大问题是城市居民和农村居民之间的巨大鸿沟。正是由于中国城市化进程的高速度，跳过了培养农村居民在城市环境中生存的竞争性技术和技能的阶段，以至于他们在城市里容易暴露自己的劣势。城市与农村之间有了畅通的物质和信息交流，整个国家也可以有一个更规范的发展模式。所以，如果在农村建设更多的基础设施，建立完善的职业技能体系，农村就会立刻出现大量的发展机会。这也在"社会主义新农村建设"政策中得到了印证。

当前，我国城市化进程仍处于高速发展阶段，2019 年，我国人均 GDP 首次突破 1 万美元大关，新经济、新模式、新业态层出不穷，城市高质量发展的积极因素正在积累。目前，我国正从速度城市化向深度城市化转变。与此同时，人民对美好生活的向往更加强烈，期盼有更好的教育、更满意的收入、更可靠的社会保障、更丰富的精神文化生活等。因此，相关城市要乘势而上推动城市发展从规模扩张转向内涵式发展，既要注重产业、建筑、公共设施等"硬件"的发展，也要注重城市特色风貌和人文精神等"软件"的提升；既要推进创新成为城市发展的主动力，也要加强民生服务的智慧应用。在编制城市规划时，每个城市都应思考如何适应新时代的治理体系现代化建设，真正应对人口高度集中、流动越来越频繁的城市发展现状。

1.2　新中国城市治理的发展

城市治理的发展变化总是与城市自身的发展变化相辅相成。可以说，没有城市就没有城市治理，而没有城市治理也就没有城市的不断发展。几十年来，中国立足于不同历史时期的社会环境，围绕不同时期的主要城市发展任务，采取不同的治理措施、贯彻不同的治理理念、提供不同的治理规范和保障，不断推进城市治理的科学化和现代化。

1.2.1　新中国城市治理历程

总体而言，新中国城市治理历程可分为以下四个阶段。

1. 第一阶段（1949—1989 年）：政府主导的一元治理

这一阶段的主要治理特征为政府主导的一元治理模式，大多的城市治理工作是政府通过"自上而下"的政令安排、推动的。这一时期我国处于计划经济向社会主义市场经济转变、城市规划和建设恢复的阶段。改革开放后，旧城区老化现象日渐突出，城市更新也成为当时城市建设的手段之一。在制度建设方面，此阶段是城市规划制度确立初期。城市建设以新区建设为主，城市更新治理目标是解决国民最基本的民生问题。地方实践以改善城市居民居住和生活环境为重点，主要改造项目类型为危旧住房改造、城市基础设施和公共服务设施完善等，部分城市开始探索古城保护。

2. 第二阶段（1990—2009 年）：政企合作的二元治理

这一阶段的城市更新治理目标着重于推动城市经济快速发展，主要采用政企合作的二元治理模式，大体可分为"政府引导，市场运作"与"政府主导，市场参与"两大类型，主要采用 PPP[①]、BOT[②]等市场化运作手段。这一阶段我国城市处于总体增量开发，局部存量发展的阶段。市场经济体制逐步建立，经济快速发展。土地有偿使用和住房商品化改革，释放了土地市场的巨大能量和潜力。一些特大城市率先面临土地资源紧缺问题，开始逐步探索城市更新机制。在制度建设方面，国家不断推进土地和住房改革，拉开了市场经济推动下的城市更新的序幕；地方政府也纷纷出台相关政策，指导城市更新方向和具体工作，应对土地供应瓶颈，推进土地节约集约利用。

3. 第三阶段（2010—2019 年）：三方协商的多元治理

这一阶段的城市更新治理目标主要是应对土地资源紧张、用地低效、棚户区老旧、生态破坏等问题，促进经济和社会高效发展。这一阶段，我国城市处于从粗放化、外延式增量发展模式转向精细化、内涵式存量提升发展的阶段，重点围绕城市空间品质和功能提升，改造对象主要是城中村、棚户区以及低效工业用地。改造模式主要采用政府、企业、原社会业主共同参与的三元协商模式，展现出对居民物权的充分尊重。在制度建设方面，我国的城市更新政策体系不断完善。国家主要聚焦于棚户区改造行动和城镇低效用地盘活，提出"城市修补"并强化社区治理的理念；各地开始建立城市更新政策体系，出台了大量技术标准、改造指南等政策文件，城市更新政策手段不断丰富。

2012 年 11 月，党的第十八次全国代表大会提出了一系列关于城市治理的政策：一是重点发展中小城市和城乡接合部，控制大城市的人口规模，促进城乡一体化发展；二是完善城市规划和建设管理制度，推进城市基础设施的建设，加强城市环境的保护和治理，提高城市安全和公共服务水平；三是加强对城市人口的管理和服务，实施居住证制度，推进户籍制度改革，促进城市社会管理

---

① PPP（public-private partnership），又称 PPP 模式，即政府和社会资本合作，是公共基础设施中的一种项目运作模式。在该模式下，鼓励私营企业、民营资本与政府合作，参与公共基础设施的建设。

② BOT（build-operate-transfer），即"建设-经营-转让"方式，是政府将一个基础设施项目的特许权授予承包商。承包商在特许期内负责项目设计、融资、建设和运营，并回收成本、偿还债务、赚取利润，特许期结束后将项目所有权移交政府。

和公共安全；四是加快数字经济和智慧城市的建设，促进信息技术与城市发展的深度融合；五是支持城市创新和创业，鼓励发展新兴产业和高技术产业，提高城市的经济竞争力和创新能力；六是加强城市生态建设，推进绿色低碳发展，实现城市可持续发展。通过政策指引，我国在新型城镇化、环保和公共服务、城市规划、治理机制改革等多方面取得了瞩目的成就，以人为本，推动城市化和工业化、信息化、农业现代化深度融合，通过提高农民工待遇、简化户籍迁移程序等措施，加快城市化进程；通过加大对城市环境保护和公共服务的投入，推动城市绿化、垃圾分类和污水处理等环保措施并在包括医疗、教育、养老等方面，提高了城市居民的生活质量；推行城市规划法和土地管理法等法规以及强调绿色建筑和低碳城市的建设，加强了对城市规划的管理，规范城市用地和城市建设行为，推进城市可持续发展；积极推进政府、市民、社会组织和企业之间的合作，推行智慧城市建设，促进城市治理的透明度和民主化，运用信息技术提高城市治理的效率和质量。

4. 第四阶段（2020 年至今）：多方协同的多元治理

这一阶段我国的城市更新开始越发关注城市内涵发展，进一步强调以人为本，着重促进人居环境的改善和城市活力的提升，加强对生态环境修复、历史文化遗产保护、社会和谐与公平等多方面发展目标的关注。重点围绕旧区改造和历史文化保护活化两方面进行，通过建立政府、专家、投资者、市民等多元主体共同构成的行动决策体系，利用多种治理工具应对复杂的城市更新系统。《中华人民共和国国民经济和社会发展第十四个五年规划和二〇三五年远景目标的建议》中明确提出"实施城市更新行动"。在国家层面，制度建设围绕老旧小区改造和历史遗产保护等方面，强调"绣花功夫"，防止大拆大建，这标志着我国的城市更新正从过去追求经济增长的粗放模式向着统筹兼顾的精细化治理模式发展。在地方层面，多地出台城市更新条例，将城市更新政策上升到法律层面，这是对城市更新政策体系的进一步完善和提升。

1.2.2 新中国城市治理的地区实践

从第四阶段开始，中国已有进行现代化社会治理的基础，正以全新的面貌真正进入社会治理新阶段。这一阶段，具有代表性的城市治理地区实践方案有：上海"一网通办与一网统管"的精细化城市管理、北京的"接诉即办"为民解难题，以及广州城市更新的"微改造"。

1. 上海市推进"一网通办""一网统管"建设主要做法及成效①

（1）依托"一网通办"打造数字政务服务。重点抓了以下五方面工作：一是推进业务流程革命性再造。聚焦企业群众办事难度大、办理频率高的15个"一件事"，由分管市领导牵头，对"一件事"的申请条件、申报方式、受理模式、审核程序、发证方式、管理架构等进行整体性再造，上线运行以来，平均减环节69%、减时间54%、减材料75%、减跑动71%。二是实行"两个免于提交"。通过告知承诺、电子证照应用、数据共享核验、行政协助等方式，实现"上海政府部门核发的材料，原则上一律免于提交；能够提供电子证照的，原则上一律免于提交实体证照"。截至2020年12月20日，市、区两级1.2万多份材料实现了办事人免提交。三是打造"随时""随身""随地"的服务平台。线上建设"一网通办"总门户，接入2924项服务事项，实际网办比例达56.9%；线下部署3400多台自助服务终端，实现区级行政服务中心和街镇社区事务受理服务中心全覆盖；建设"随申办"超级应用，接入1516项服务，平均月活跃用户数超过1000万人；推进长三角"一网通办"，实现65项服务事项跨省通办。四是推动服务更精准、更智能。设立市民主页和企业专属网页，按照用户需求，主动提供居住证办理、社保卡申领等397项专题服务，精准推送各类事项、政策3.37亿次。五是以服务温度破解"数字鸿沟"。在政务服务大厅推广老年人帮办、代办服务，开展百万老年人运用智能技术辅导行动，搭建家门口的"一网通办学习充电站"。

（2）依托"一网统管"推进数字城市治理。初步构建市、区、街镇三级平台和市、区、街镇、网格、社区（楼宇）五级应用，实现精准调度力量、智能分派任务、就近配置资源，推动城市治理实现三个转变：一是由被动处置型向主动发现型转变。建立由城市动态、环境、交通、保障供应、基础设施等多个维度共452项城市生命体征组成的指标体系，依托全市90万个智能微卡口等社会面安防神经元和城市运行综合管理主题数据库，生动立体地呈现城市运行态势。二是由经验判断型向数据预测型转变。构建智能动态分析模型，运用大数据分析、云计算、机器学习等技术，实施智能化全周期安全监管和综合指挥，实现精准预知、预判。三是由人力密集型向人机交互型转变。聚焦城市安全隐患，研发涵盖城市运行管理各个方面的应用场景，通过移动端应用赋能7万多名基层一线人员，开展点对点连线、屏对屏互动，实现跨层级跨行业联勤联动

① 此部分的相关数据来源于上海市委常委、常务副市长陈寅在北京召开的2020中国电子政务论坛中的发言。详见：http://zwpg.egovernment.gov.cn/art/2021/5/26/art_1330_6309. html。

高效处置一件事。

2. 北京的"接诉即办"为民解难题

从 2019 年 1 月 1 日开始，北京市对 12345 市民服务热线进行创造性改造，通过扩大业务范围、增加功能、改造流程和建立制度，形成了以"接诉即办"为牵引的超大城市治理新机制。经过近三年的运行，"接诉即办"正成为北京市委市政府与民众之间的"连心桥"、新时代群众工作的新范式、超大城市基层治理的新举措、践行人民城市为人民的新机制，为首都城市"四个中心"战略定位和"四个服务"的要求提供了基础，极大地提高了首都治理体系和治理能力现代化水平[37]。

北京"接诉即办"的经验可以总结为：一点两环、四全一保。"一点"是指"接诉即办"的核心是"以人民为中心"，遵循"人民城市为人民，人民城市人民建"的新理念；"两环"是指"接诉即办"由"接诉"和"即办"两个体系构成，较好地平衡发现和解决的问题；"四全"是指"接诉即办"倡导全治理主体参与、全过程闭环管理、全方位制度创新、全面化城市体检；"一保"是指坚持党的领导，持续对"接诉即办"配置注意力。

"接诉即办"依托 12345 市民服务热线，同时对其业务、功能、流程和制度进行全面变革，使之成为超大城市治理中政府与民众有效互动的北京样本。"一号响应"是"接诉即办"最大特点，2019 年以来北京已经整合 51 条全市政府服务热线，将全市 16 个区、338 个街道乡镇、市级部门和公共服务企业全部接入 12345 热线平台系统，企业和群众诉求实现了全口径的统一。在"一号响应"的基础之上，"接诉即办"通过直接派单在事件办理上下功夫，让民众的诉求得到有效解决。

"接诉即办"所形成的数据资源，也需要建立制度来促进数据治理，提升城市治理智能化水平。"接诉即办"形成的数据资源是问题解决的"副产品"，而这些数据资源也成为反映城市治理水平的"晴雨表"，成为城市治理中最有价值的数据资源之一。当前，"接诉即办"的数据资源使用主要局限在政府部门内部，下一步应该建立数据开放的制度，通过数据治理来推动城市治理，促进城市治理智能化水平的提升[38]。

正是结合"接诉即办"反映的问题和诉求，北京市推动了一系列制度变革，先后出台《北京市街道办事处条例》《北京市物业管理条例》《北京市生活垃圾管理条例》《北京市文明行为促进条例》等文件，为超大城市治理提供了基础性制度。下一步，北京市还会针对"接诉即办"反映的普遍性问题，探索制度性解决之道，通过出台制度来化解纠纷和矛盾，减少问题产生的生态和土壤。

3. 广州城市更新的"微改造"

（1）广州城市更新的历程

广州的城市更新经历了以下三个阶段。

第一阶段，2009—2011 年，成立"三旧"改造办，启动和推进"三旧"改造工作。2009 年，广东省人民政府颁布《关于推进"三旧"改造促进节约集约用地的若干意见》（粤府〔2009〕78 号），在市场主导下，改造以单个项目为主，类型以城中村、旧厂房为主，模式以房地产开发导向为主。

第二阶段，2012—2014 年，进一步完善"三旧"改造政策。2012 年，广州市人民政府颁布《关于加快推进"三旧"改造工作的补充意见》（穗府〔2012〕20 号），强调政府主导。开发形式以全面改造、成片连片为主，类型以旧厂为主，片区面积 2～4 平方千米，包括金融城、广钢新城、广纸片区、大坦沙岛等。

第三阶段，2015 年至今，成立"城市更新局"，针对前期实际改造过程中呈现的改造目标相对局限、效益较为短期、方式基本趋同、主体和效果相对单一等问题，探索"微改造"的模式，强调多元主体参与，创新改造方式，有效提高改造综合效益[39]。

（2）广州城市更新的"微改造"

"微改造"，一是以综合改造为目标，强调延续历史脉络；二是强调多元主体参与，特别是强调社会力量参与；三是以修缮提升为主要的改造方式。

"微改造"不同于全面改造，也不同于综合整治。全面改造注重调结构、定大局、落战略，政府主导，社会参与，严格按照计划进行；而综合整治仍以政府为主导，通过立面整饰、环境美化等方式，实现物质空间景观的改变，起到政府主推的示范作用。"微改造"则不然，其注重提升人居环境、保护文化遗产、促进城市活力、培育产业创新，政府引导，社会主体主导；强调社会多元参与，以保留为主，允许必要新建等方式，实现人居环境、经济、产业、文化等综合协调，且以自愿申报为主，示范带动作用明显，模式更容易推广。

广州市白云区在"微改造"的探索之路走在了全省前列。白云区部分地区属于城乡接合部，用地以村社为主导。由于历史原因，此类用地基本上缺乏完善的用地手续。一方面，当前全区严峻的土地利用形势需要转变发展方式，亟须进行城市转型、产业升级、居民居住环境改善；另一方面，政府对通过统筹集体存量用地改造实现产业升级的调控能力有限。在此背景下，广州市白云区开展了"微改造"探索，由街道摸查了 300 多个集体工业小区，并启动了第一批 8 个项目的"微改造"探索[40]。

为打破低端租赁经济链条，尽快取得经济效益和社会效益，白云区进行相关探索,对历史遗留的违章低效用地实行"疏堵结合"的工作机制,指引全区符合条件的"微改造"项目实施。其中,合法用地或指定日期之前的手续不完善用地、符合土规、无物权关系纠纷、产权人同意改造、改造主体在白云区注册纳税、符合产业发展方向的,给予改造审批。

从"三旧"改造到"微改造",有以下几方面的思考。

第一,反思现有"三旧"改造政策和做法,不要让城市更新简单成为单一的增量增长方式。2015年以前,广州的"三旧"改造思路侧重的是空间腾挪——没地了,拆了要地,在城市上建造城市——仍然是"三维空间拓展"的思维,缺乏从城市成长的角度与城市综合竞争力、长远发展目标及城市内涵发展方面挂钩,效果单一,因而需要从"城市增长"向"城市成长"转变。关注"微改造",重点在激发市场的力量,并与城市产业升级、培育,人居环境改善,文化软实力提升等方面挂钩,从促进"城市增长"真正转变为促进"城市成长"。

第二,从"取"到"予"的价值观改变,城市更新新政策制定的导向性判断。具体内容见表1-1所列。

表 1-1 城市更新新政策制定的导向性判断

	过去	将来
关注点	土地出让收益	土地承载内容(创新、产业)
价值观	取	予
政策导向	堵	疏堵结合
路径	● 利益重构:参与主体为政府、社会、改造主体 ● 政策引导:政策要吸引优质项目,确保公平公正,规范操作程序 ● 多方协同:城市更新局、发展和改革委员会、国土资源和规划委员会、经济贸易委员会等多方协调工作 ● 全周期管控:改造、运营、对整个片区的提升	

第三,确立市场与政府在城市更新中的互补互动关系。"三旧"改造要用两条腿走路,明确政府行为与市场行为的边界,在可管控的范围内,发挥市场的积极性。

第四,"微改造"的前提是符合土地规划。"微改造"过程中的处置原则、策略及方式见表1-2所列。

表 1-2 "微改造"过程中的处置原则、策略及方式

类型	用地手续不完善	用地手续完善但不符合规划
处置原则	以完善手续为前提	底线思维：保证必要点位和配套、不影响周边发展
处置策略	分类型	分区位
处置方式	处罚、抵扣留用地指标，补交地价	城市重点地区：严格控制 其他一般地区：只要不涉及近期重点项目和收储计划，应维护物权人发展的权利，运用底线思维去看待改造，处理好规划的近远期关系

第五，从规划到运营的全生命周期管理。

错位发展，规避市场风险：要从整个城市的产业布局出发，对不同地区的"微改造"项目给予功能引导，强调对传统产业的升级、与各区的特色产业挂钩，实现错位发展，避免市场风险。

提升质量，建设与运营并重：要对"微改造"给予关注和进行规范化管理，将空间准入与产业类别、经营管理挂钩。以土地合同的方式，实现全生命周期的管理。

1.2.3 新中国城市治理的经验总结

2021年3月11日，十三届全国人大四次会议表决通过了国民经济和社会发展第十四个五年规划和2035年远景目标纲要的决议。在百年未有之大变局的时代关键点、"两个一百年"奋斗目标的历史交汇点，"十四五"规划为全面建设社会主义现代化国家绘制了宏伟蓝图，也为城市现代化的未来实践明确了方向：一是以人民性作为城市治理的价值原点；二是以智能化作为城市治理的助推力量；三是以高质量发展作为城市治理的内涵要求[41]。

全面建设社会主义现代化国家，是"十四五"规划核心关键词之一。现代化城市是国家现代化的重要组成部分，也是其核心要义所在。全面建设社会主义现代化国家，首先要建设好社会主义现代化城市。同时，推进国家治理体系和治理能力现代化，必须抓好城市治理体系和治理能力现代化。

1. 城市现代化的六大标志

城市是文化的容器，是人类文明的结晶，按照美国经济学家爱德华·格莱泽的说法，城市是人类最伟大的发明与最美好的希望，城市的未来将决定人类的未来。综合而言，现代化城市应当具备以下六大标志。

（1）先进的生产力水平和高度的物质文明，是城市现代化的首要标志。城市经济要达到具备先进生产力水平的发达的现代经济，人均国内生产总值（GDP）及居民收入要达到世界中等以上的发达水平。先进生产力和高度物质文明，不仅反映在产品数量与质量的提高上，还表现在高度发达的社会分工与协作，产业结构合理化、高级化，以及对周围地区的辐射力与吸引力上。

（2）完善配套和高效的城市基础设施，是城市现代化的基础标志。基础设施是城市的骨架，必须骨架强壮，才能肌肉丰满（经济发展）和血气充沛（精神文明）。因此，城市基础设施是城市现代化不可缺少的重要条件。城市基础设施包括便捷的交通工具和通信方式，水、电、气的充足供应，完善的住宅、医疗、文体设施，污水、垃圾处理等。

（3）优美的、适宜居住的城市环境，是城市现代化的形象标志。城市环境包括自然环境与人工环境。前者的现代化要求有周全的环卫设施和优美的园林绿化，无污染、无公害，保持生态平衡和良性循环；后者的现代化主要指城市建筑设计做到既有民族特色，又有时代性。

（4）丰富的城市文化，是城市现代化的深层标志。随着城市社会生产力的逐步提高，其文化功能日益发展，城市居民对精神文化的需求越来越高。城市文化是城市发展的根基，是城市气质的表现，它使城市成为信息传播中心，适应知识经济发展的要求。

（5）高水平的城市科学管理，是城市现代化的标志之一。城市现代化不可缺少高水平的科学管理，要求城市政府拥有高效率的行政机构、高水平的管理手段、高层次的公众参与，以及科学的决策系统和民主监督方式。

（6）高度的精神文明和高素质的城市人口，亦是城市现代化的标志之一。市民素质是城市现代化发展的灵魂。新世纪城市现代化的发展和竞争，实质上是人的素质的提高和竞争。没有高水平、廉洁奉公的管理者，没有高质量的城市人口和文明的城市风尚，就不可能有良好的现代化城市[42]。

2. 我国城市现代化的转型路径

要分析中国的现代化城市，首先需明晰其特征。杨重光[①]等学者认为，中国城市现代化正在增长方式、空间形态、发展目标、发展模式等方面经历深刻转变。

一是城市增长方式从单纯规模扩张向规模和质量并举转变。进入 21 世纪

---

① 杨重光，中国城市经济学会副会长，中国社会科学院研究员，出版《城市土地管理与可持续发展》《土地使用制度改革十年》等多部著作，发表 200 多篇论文、研究报告。

以来，由于环境、资源特别是土地等方面的压力和影响，城市开始从以规模扩张为主进入规模与质量同时增长的新发展时期。为同国家经济、社会转型相适应，大城市注重经济增长方式的转变，进行了经济结构特别是产业结构的战略性调整。一些大城市从原来以工业特别是重工业为主导产业，转向以高新产业、现代服务业和文化创意产业为主导产业的新的经济结构和产业体系。经济结构的调整和经济增长方式的转变，减少了城市对资源的依赖，创造了更自由发展的空间，形成节约型、生态型城市，促使城市性质的变化或转型。一些城市由传统的工业生产基地和制造业中心，变成经济中心、金融中心、文化中心、科技中心等。

二是城市空间形态从城市单体发展向城市群体发展转变。区域经济整体发展和城乡一体化是国际普遍现象和共同发展规律。中国城市发展，尤其是大城市发展，也逐步迈入城市群、城市带和城市圈的发展时期。这既是大城市自身发展的要求，如某些工业向外转移、城市空间布局的调整、城市生态环境的改善、城市住宅建设的需要等，也是区域经济发展的要求和趋势。要求大城市对周边地区和中小城予以支持并相互合作，求得区域经济的整体繁荣和共同发展。

三是城市发展目标从单一经济指标向"以人为本"的全面发展和综合功能转变。进入 21 世纪以来，中国坚持以人民为中心的发展思想，以不断满足人民美好生活需要为目标，加强城市社会文化功能，注重全面提高居民素质，建立科学、文明、和谐的城市。

四是城市发展模式从只注重技术和生产力发展向注重城市特色和品牌转变。城市是先进技术和生产力的代表，只有充分发掘和发扬城市的特色和品牌，才能使城市得到更好发展，技术和生产力优势得以更好发挥。近年来，中国城市越来越注重自身特色和品牌。

3. 我国城市的未来形态及城市规则建设重点

按照党中央擘画的新征程的宏伟蓝图，到 21 世纪中叶，在基本实现现代化的基础上，再奋斗 15 年，把我国建设成为富强民主文明和谐美丽的社会主义现代化强国。

那么，多年以后的现代化城市，具体将呈何样貌？在具体规划建设中又该注意些什么？我们从以下八大维度具体解析。

一是现代化城市发展的定位，主要有绿色生态宜居、创新驱动发展、协调发展引领、开放发展先行四大表征。①生态优先、绿色发展：划定生态保护红线、永久基本农田和城镇开发边界，完善生态功能，统筹绿色廊道和景观建设，建成蓝绿交织、清新明亮、水城共融、多组团集约紧凑发展的生态城市布局，创造优良人居环境，实现人与自然和谐共生，建设天蓝、地绿、水秀的美丽家园。②推进以科技创新为核心的全面创新：积极吸纳和集聚国内外创新要素资源，发展高端高新产业，推动产学研深度融合，建设创新发展引领区和综合改革试验区，布局一批国家级创新平台，打造体制机制新高地，建设现代化经济体系。③推动城乡、区域、经济社会和资源环境协调发展：提升区域公共服务整体水平，打造要素有序自由流动、主体功能约束有效、基本公共服务均等、资源环境可承载的区域协调发展城市。④顺应经济全球化潮流，积极融入"一带一路"建设：必须加快政府职能转变，促进投资贸易便利化，形成与国际投资贸易通行规则相衔接的制度创新体系，培育区域开放合作竞争新优势，加强国内外合作交流，建设扩大开放新高地和对外合作新平台。

二是现代化城市的优美风貌特色。城市风貌细致彰显中华风范、山水风光、创新风尚。城市空间格局秩序规整、灵动自然，体现中华风范；环境景观城景应和、蓝绿交织，凸显山水风光；建筑设计融合古今、中西合璧、多元包容，展示创新风尚。打造中西合璧、以中为主、古今交融的建筑风貌。传承中华建筑文化基因，吸收和运用世界优秀建筑设计理念和手法，坚持开放、包容、创新、面向未来，形成独具特色的建筑风格。严谨细致地做好建筑设计，塑造既体现中国建筑特色又汲取国外建筑精华，既有古典神韵又具现代气息，融于自然、端正大气的优秀建筑，营造多样化、有活力的城市空间环境。为此，因地制宜地设计丰富多样的环境景观，营造优美、安全、舒适、共享的城市公共空间。

三是现代化城市文化的传承与保护。①保护与合理利用文物古迹：严格保护省级以上文物保护单位、红色文化以及其他重要文物遗存，重点保护和利用代表性历史遗存，建设考古遗址公园、遗址博物馆、陈列馆。②保护与发展历史古城、传统村镇：将对标志性历史遗存的保护与城市公共空间的建设有机结合，保护传统村镇内历史空间格局清晰、传统风貌较为完整的核心地段，传承与展示乡村生产习俗和民俗文化活动。③传承与弘扬优秀传统文化：弘扬红色文化，加强对非物质文化遗产的保护与传承；发掘与保护老地名、老字号、历史名人、民间传说等其他优秀传统文化；开展口述史、民俗、文化典籍的整理、出版、阐释和普及工作，引导公众自觉保护与传承历史文化。

四是现代化城市高新技术产业。围绕建设数字城市，重点发展下一代通信网络、物联网、大数据、云计算、人工智能、工业互联网、网络安全等信息技术产业；率先发展脑科学、细胞治疗、基因工程、分子育种、组织工程等前沿技术，培育生物医药和高性能医疗器械产业，加强重大疾病新药创制；聚焦人工智能、宽带通信、新型显示、高端医疗、高效储能等产业发展对新材料的重大需求，在新型能源材料、高技术信息材料、生物医学材料、生物基材料等领域开展应用基础研究，突破产业化制备瓶颈，培育新区产业发展新增长点。与此同时，接轨国际，发展金融服务、科创服务、商务服务、智慧物流、现代供应链、数字规划、数字创意、智慧教育、智慧医疗等现代服务业，促进制造业和服务业深度融合；建设国家农业科技创新中心，发展以生物育种为主体的现代生物科技农业，推动苗木、花卉的育种和栽培研发，建设现代农业设施园区。融入科技、人文等元素，发展创意农业、认养农业、观光农业、都市农业等新业态，建设一、二、三产业融合发展示范区。

五是现代化城市优质公共服务。建设"城市-组团-社区"三级公共服务设施体系，形成多层次、全覆盖、人性化的基本公共服务网络；构建社区、邻里、街坊三级生活圈；构建城乡一体化公共服务设施；优先发展现代化教育；高标准配置医疗卫生资源；建立完备的公共文化服务体系；构建完善的全民健身体系；提升社会保障基本服务水平，努力提升人民群众的获得感、幸福感、安全感。

六是现代化城市便捷交通体系。构建内外衔接的绿道网络；打造集约智能共享的物流体系；提高绿色交通和公共交通出行比例，建立服务优质、形式多样的新型公交系统；搭建智能交通体系框架；等等。

七是现代化城市智慧治理体系。建设海绵城市，尊重自然本底，构建河湖水系生态缓冲带，提升城市生态空间在雨洪调蓄、雨水径流净化、生物多样性等方面的功能，促进生态良性循环；全面推动绿色建筑设计、施工和运行，开展节能住宅建设和改造；建设集约高效的供水系统；完善雨污分流的雨水排除工程系统；建设循环再生的污水处理系统；建设先进专业的垃圾处理系统；加强智能基础设施建设；构建全域智能化环境；建立数据资产管理体系；等等。

八是现代化城市安全管理体系。具体而言，构筑城市安全运行体系，在水源保障、流域及城市防洪、能源供应、交通运营等与城市运行密切相关的各领域，运用区域协同、层级设防、智慧防灾、立体防护等防灾策略，抓住规划建设运营关键环节，超前布局、高质量建设、高效率管理，构建安全韧性的保障体系，为规划建设提供可靠支撑。此外，健全灾害预防体系和综合应急体系、构建城市公共安全体系、提升综合防灾水平等，都是需要常抓不懈的重要工作。

1.3 新中国城市治理面临的挑战

当前，我们正处于百年未有之大变局的加速期、"十四五"规划的开局之年，全国各地按照新发展理念、新发展格局的思路全面开启中国特色社会主义新征程。经济的发展、科技的进步及全球化和城镇化，使得整个城市和社会生活变得空前复杂。虽然基本的资源保障相对丰富，但在面对较大突发风险时，仍面临时滞及结构性短缺等问题。

1.3.1　社会现状及城市问题

1.　系统化的城市更新治理体系还未形成

一方面，国家层面缺乏顶层立法保障和指导方针，虽然已有老旧小区改造、低效用地再开发等存量空间改造专项政策，但从各地实践来看，存在更新方式划分类型不一、理解不同的问题。诸如土地的细分合并、置换、出让以及财税等各地正在面临的城市更新关键性问题，还需要国家层面的政策统筹与指引。另一方面，地方层面缺乏城市更新规划体系与制度构建。大部分城市的城市更新规划体系和制度建设呈现总体滞后于实践进程的状态，城市更新在增量规划制度框架中推进困难。我国大部分城市还面临城市更新工作与国土空间规划体系衔接不顺畅、空间治理模式较单一等问题。

2.　精细化的城市更新治理机制亟待完善

一是各部门事权划分不清晰。中央政府和地方政府之间、地方政府各部门之间在治理过程中的关系和事权划分均不清晰，城市更新工作涉及部门较多，在多政策路径下，各部门多头管理，缺乏结构性和系统性协同，导致存量空间利用和公共资源投入缺乏统筹。二是多主体参与途径不明晰。城市更新规划的作用途径仍以物质空间管控为主，对社会问题的作用力度不足，多元主体的参与途径也不清晰，缺乏与基层治理机制的有效衔接。三是全过程管理机制不完善。我国大部分城市目前主要关注土地和规划管理，还未构建城市更新全过程管理机制，特别是实施和监管力度不足。四是我国目前的城市更新政策更侧重于拆除重建类型，但针对"微更新""微改造"还缺乏健全的行政审批程序和制度构建。

3.　多元化的城市更新利益平衡机制仍不健全

一方面，城市更新背后动力机制的研究不充分。城市更新背后的动力机制是不同更新类型采用不同实施方式的重要原因，然而目前我国城市更新较少基于动力机制的维度进行制度构建。另一方面，经济增长和公共利益的平衡机制不完善。目前对房地产化路径过度依赖，导致政府、原土地权利人和开发商形成了一个行政权力、物权与资本的"利益增长联盟"。对开发量和经济利益的过度攫取加大了城市更新的改造成本，带来了环境、交通、公共服务等方面的外部负效应，给城市造成了较大负荷，对城市整体的公共利益缺乏有效保障。

1.3.2 超大城市治理面临的挑战

目前，我国城市治理智慧化过程中存在的困难和挑战：一是公众参与积极性不高，二是多主体间协作水平较低，三是信息技术支撑不足，四是技术与管理人才短缺。如何通过治理创新全面提升城市应对重大突发公共卫生事件的能力，对处于深度城镇化进程中的我国来说是一个必须面对的重大课题[43]。

近些年来，我国超大城市治理取得了一些成就，但同时也存在不少问题。当下超大城市政府治理的对象似主要集中在"大城市病"上，一个常见的观点是认定"大城市病"的病因是外来人口过多、人口规模过大，所以控制外来人口迁入与人口规模增长被当作超大城市治理的重点。"大城市病"一直是影响超大城市持续性发展的巨大障碍，无疑也是超大城市治理的重要问题之一，但超大城市治理的根本目的不是控制外来人口迁入和人口规模增长；认定并把控制外来人口迁入与人口规模增长作为超大城市治理的重点，特别是采取措施加以重治就成了问题，容易造成一些不容忽视的不良后果[44]。

1. 治理对象错位，难见治理成效

首先，认定超大城市规模过大造成"大城市病"缺乏充分依据。到目前为止，我国北京、上海等超大城市并未显示出规模"过大"征兆。其城市规模与集聚经济关系的研究都说明，这些超大城市尚具明显的集聚经济，劳动生产率和人均 GDP 仍居全国前列，生态环境恶化苗头被逐步遏制，生态环境得到不断改善，显示超大城市规模并未"过大"。其次，超大城市存在的诸如交通拥堵、房价暴涨、环境污染等所谓"大城市病"病态与规模基本无关。日本东京大都市圈的人口规模远大于我国目前的超大城市，人口密度也远高于我国的超大城市，而且其人口规模还在不断增长。但其城市房地产市场平均价格却远低于我国超大城市，城市交通也相对有序并未拥堵不堪。其经验说明，超大城市规模并不一定诱致"大城市病"，或者说"大城市病"与城市规模关系不大。再次，超大城市的外来人口与"大城市病"更没有直接关系。考察超大城市外来人口，大多数都是较低收入者，大都租住简易、破旧的房屋，没有多少人能买得起房子；其车辆拥有量也相对较小，并非造成交通拥堵、环境污染的重要因素。相反，离开他们反而有可能加剧"大城市病"。假如没有他们，住房、交通等基础设施无法改善，垃圾清扫、环境卫生等难以保证。很明显，超大城市的"大城市病"很难与外来人口扯上直接关系，相反，离开他们"大城市病"可能会更加严重。

近年来我国超大城市治理成效不理想，一是治理对象错位，偏重"大城市病"的治理，未能着眼于超大城市治理的根本目的，忽视综合治理；二是没有"对症下药"治理"大城市病"，误把控制外来人口迁入与人口规模增长作为"大城市病"的病因。对象和病因搞错了，自然难以取得好的治理效果。

那么，"大城市病"的主要病因是什么？怎样治理才能有效？概括而言，优质资源与服务高度集中于超大城市特别是其核心区域，形成与其他地区的巨大差距是造成"大城市病"的主要原因。从全国来看，我国基础设施建设投资与公共服务资源特别是优质资源过度集中于超大城市，造成超大城市优质资源、服务能力与其他地区和城市之间的差距过大。从超大城市内部来看，各种资源又高度集中于其核心区域，造成核心区域与周边地区差距巨大，进而导致超大城市内部人口、经济、交通等生产服务活动高度集中于核心区域，加之规划建设不尽合理，由此带来交通拥堵等矛盾。所以，从长远看，要在全国范围建立区域共生圈，合理配置各类资源，推进区域均衡发展，缩小超大城市与其他地区和城市之间的差距，才能从根本上避免"大城市病"的产生。从短期来看，要推进超大城市多中心规划与发展，建设紧凑城区，改善交通管理，合理分布人口，主要解决超大城市内部各地区之间差距过大的矛盾，相对较快地缓解"大城市病"。

2. 治理方式失当，达不到预期效果

近年来，我国超大城市治理出现的问题，其中一个原因就是政府治理能力还需提高，管理水平仍然有待改善，管理方法简单，治理成本高、效率低。例如，近年来某些超大城市对违章建筑大规模进行的拆违行动。作为超大城市开展拆违行动，初衷可能是为了市容整洁、"美丽"天际线和减少外来人口。因为大量外来人口进城打工收入不高，生活压力促使他们居住在最便宜但脏乱差的"城中村"，日常消费也主要依靠街头便利店。事实上，"城中村"不仅创造了大量的就业机会，增加了城市居民及部分外来人口的收入，而且满足了大量低收入外来人口的居住需求，方便了他们的日常生活，也在一定程度上增强了城市活力。就这一点而言，"城中村"的存在在城市化发展的一定阶段是有其积极意义的。

然而，个别超大城市政府不考虑实际情况，开展声势浩大的"拆违"运动，而且"一刀切"、大拆尽拆，虽然一时整顿了市容，看到了"天际线"，但客观上也造成了一些严重后果。最明显的是，把一些就业机会给拆没了，也把一些主要由外来人口组成的中小微企业给拆倒闭了。直接后果就是增加了失业人

员，减少了部分外来务工人员的收入，甚至使一部分本来依靠在大城市打工脱贫的外来人口失去了收入来源。与此同时，也给本市居民生活带来不便，政府也减少了税收，而且投入了大量人力、财力，增加了财政负担。

更重要的是，造成干群关系紧张。一些地区拆除违章建筑是必要的，但不问青红皂白，采取"一刀切""扩大化"做法，效果可能适得其反。政府是为民服务的，应该更多关注城市的低收入者，帮助他们就业和改善生活。一项政策的落实如果影响了他们的生存条件，甚至剥夺了他们的生存机会，由此造成他们对政府的对抗情绪，那就事与愿违、得不偿失。所以，对这样的治理一定要认真反思并总结经验教训。

1.4 结　　语

农业、农村与农民是我国革命、建设、改革的根本，而随着我国城市化进程的不断推进，城市发展在整个经济当中的地位和作用日益突出。但在取得优异成绩的同时，也存在不容忽视的问题。根据国家统计局公布的数据，2020年我国常住人口城镇化率已达到64.72%，但离发达国家80%左右的常住人口城镇化率仍有较大的差距。城市治理不仅关系城市自身的发展，还影响区域的综合竞争力以及大多数人的生活福祉。在新时代，城市发展应该以城市治理为核心，传统的城市管理必然向新型的城市治理转变。在转型过程中，旨在让生活更美好的城市治理，吸引了越来越多的学科和学者投入相关的研究当中。其中，数据科学和大数据在为城市治理提供了非常丰富的理论研究和实践经验的同时，也对现代城市治理提出了更高的要求。

本章参考文献

[1] 陆杰华，林嘉琪. 中国人口新国情的特征、影响及应对方略——基于"七普"数据分析[J]. 中国特色社会主义研究，2021（3）：57-67.

[2] 托夫勒. 未来的冲击[M]. 蔡伸章，译. 北京：中信出版社，2006.

[3] 于光远. 经济大辞典[M]. 上海：上海辞书出版社，1992.

[4] 格莱泽. 城市的胜利[M]. 刘润泉，译. 上海：上海社会科学院出版社，2012：226.

[5] 中共中央马克思恩格斯列宁斯大林著作编译局. 马克思恩格斯全集[M]. 北京：人民出版社，1995.

[6] 巴顿. 城市经济学[M]. 上海社会科学院部门经济研究所城市经济研究室，译. 北京：商务印书馆，1984.

[7] 芒福德. 城市发展史：起源、演变和前景[M]. 宋俊岭，倪文彦，译. 北京：中国建筑工业出版社. 2005.

[8] DAVIS K. The urbanization of the human population[J]. Scientific American, 1965, 213 (3): 40-53.

[9] 顾朝林. 城市化的国际研究[J]. 城市规划，2003（6）：19.

[10] 叶扬兵. 新中国第一个五年计划的精心编制[J]. 世纪，2003（3）：21-23.

[11] 曾国祥. "一五"时期计划管理的历史经验[J]. 贵州社会科学，1983（5）：36-39.

[12] 李富春. 关于发展国民经济的第一个五年计划的报告[R]. 第一届全国人民代表大会第二次会议. 1955.

[13] 王润吉. "一五"计划——重庆社会主义工业化的起步[J]. 当代党员，2021（15）：24-27.

[14] 韩志荣. 工农三大剪刀差及其现状分析[J]. 经济研究，1996（10）：57-61.

[15] 国家统计局. 城镇化水平显著提高　城市面貌焕然一新——改革开放40 年经济社会发展成就系列报告之十一[R/OL]. （2018-09-10）[2022-03-09]. http://www.stats.gov.cn/ztjc/ztfx/ggkf40n/201809/t20180910_1621837.html#.

[16] 石向实. 中国城市化进程的社会心理研究[M]. 北京：社会科学文献出版社，2013.

[17] 丁任重. 对我国城镇建设与发展的新探索[J]. 经济学家，2014（3）：101-102.

[18] 冯兰瑞. 劳动就业问题六议[J]. 经济研究，1980（10）：35.

[19] 刘琳. 从深圳经济特区看我国改革开放的历史功绩[J]. 唯实，1996（12）：4-7.

[20] 国家统计局. 中华人民共和国国家统计局关于一九八二年国民经济和社会发展计划执行结果的公报[EB/OL]. （2002-01-11）[2022-04-11]. http://www.stats.gov.cn/tjsj/tjgb/ndtjgb/qgndtjgb/200203/t20020331_29995.html.

[21] 国务院批转民政部关于调整建镇标准的报告的通知[EB/OL]. （2016-

10-20）[2022-04-11]. http://www.gov.cn/zhengce/content/2016-10/20/content_ 5122304. htm.

[22] 国务院批转民政部关于调整设市标准和市领导县条件报告的通知 [EB/OL].（2012-08-20）[2022-04-11]. http://www.gov.cn/zhengce/content/2012-08/ 20/content_ 7186.htm.

[23] 国家统计局.系列报告之十：城市社会经济发展日新月异[EB/OL]. （2009-09-17）[2022-04-11]. http://www.stats.gov.cn/ztjc/ztfx/qzxzgcl60zn/200909/ t20090917_68642.html

[24] 中国社会科学院城市与环境中心.改革开放以来我国城市化的回顾 [EB/OL].（2004-09-06）[2022-04-11]. https://www.cas.cn/zt/jzt/ltzt/dqxdhshjjfzdbyzl/ jyytz/200409/ t20040906_2670821.shtml.

[25] 广东省人民政府. 转发国务院批转公安部小城镇户籍管理制度改革试点方案和关于完善农村户籍管理制度意见的通知[EB/OL].（1997-11-20）[2022-04-11]. http://www.gd.gov.cn/zwgk/gongbao/1997/34/ content/post_3358882.html.

[26] 中共中央　国务院关于促进小城镇健康发展的若干意见（摘要）[EB/OL]（2000-06-13）[2022-04-11]. http://www.gov.cn/gongbao/content/2000/ content_60314. htm.

[27] 夏珺.变化　潜力　希望——费孝通教授一席谈[N].人民日报，1999-09-30.

[28] 汪光焘. 城市：40 年回顾与新时代愿景[J]. 城市规划学刊，2018（6）：7-19.

[29] 沈清基，彭姗妮，慈海. 现代中国城市生态规划演进及展望[J]. 国际城市规划，2019，34（4）：37-48.

[30] 王金南，万军，王倩，等. 改革开放 40 年与中国生态环境规划发展[J]. 中国环境管理，2018，10（6）：5-18.

[31] 李迅，刘琰. 中国低碳生态城市发展的现状、问题与对策[J]. 城市规划学刊，2011（4）：23-29.

[32] 鄢涛，李芬，周兰兰，等. 《中国低碳生态城市发展报告 2014》导读 [J]. 建设科技，2014（23）：18-20.

[33] 董乐章. 基于水生态文明的小流域景观规划设计——长沙岳麓区玉赤河景观规划设计探讨[J]. 现代园艺，2018（8）：69-70.

[34] 包存宽，王金南. 基于生态文明的环境规划理论架构[J]. 复旦学报（自然科学版），2014，53（3）：.425-434.

[35] 张勇，宋世杰. 从西安"八水润长安"规划及实施效果论推进城市生态文明工程的必要性[C]//2015 第七届全国河湖治理与水生态文明发展论坛. 2015 第七届全国河湖治理与水生态文明发展论坛论文集，2015：379-385.

[36] 胡以志．"中国应该成为世界城市化发展的领导者"——对话爱德华·布莱克利教授[J]. 国际城市规划，2010，25（3）：111-113.

[37] 马亮. 数据驱动与以民为本的政府绩效管理——基于北京市"接诉即办"的案例研究[J]. 新视野，2021（2）：50-55.

[38] 翟文康，徐文，李文钊. 注意力分配，制度设计与平台型组织驱动的公共价值创造——基于北京市大兴区"接诉即办"的数据分析[J]. 电子政务，2021（5）：71-88.

[39] 胡晓会. 广州"微改造"：从"革命"到改良[J]. 房地产导刊，2017（5）：70-71.

[40] 蔡云楠，杨宵节，李冬凌. 城市老旧小区"微改造"的内容与对策研究[J]. 城市发展研究. 2017，24（4）：29-34.

[41] 董慧. 城市治理的中国实践及其经验[J]. 湖北社会科学，2021（11）：37-43.

[42] 俞万源. 城市化动力机制：一个基于文化动力的研究[J]. 地理科学. 2012（11）：1335-1339.

[43] 张成岗，李佩. 科技支撑社会治理现代化：内涵、挑战及机遇[J]. 科技导报，2020（14）：134-141.

[44] 王桂新. 中国"大城市病"预防及其治理[J]. 南京社会科学. 2011（12）：55-60.

第 ② 章
大数据与数据科学

我们在知识中丢失的智慧何在？我们在信息中丢失的知识何在？
——托·斯·艾略特《荒原》

数据，事关国计民生、产业兴衰、公司存亡，不可不察。信息科技经过60余年的发展，数据（信息）已经渗透到国家治理、国民经济运行的方方面面。经济活动中的很大一部分都与数据的创造、传输和使用有关。"十三五"规划中提出，构建泛在高效的信息网络，发展现代互联网产业体系，实施国家大数据战略，强化信息安全保障。专家认为，这是我国首次提出推行国家大数据战略。

数据科学与大数据是两个既有区别又有联系的术语，可以将数据科学理解为大数据时代的一门新科学[1]，大数据时代在科学领域的表现是数据科学的兴起。随着数据革命的到来，将不断改进创新数据的基础理论、研究方式和技术手段，并且针对各个研究领域开发出专门的理论、技术和方法。数据科学也将逐渐达到与其他自然学科分庭抗礼的地位。

2.1 大数据、数据科学的基本概念和意义

人们普遍认为，大数据的发展催生了数据科学，而数据科学承载着大数据发展的未来。然而，数据科学到底是什么？它对于科学技术发展、社会进步有什么特别的意义？它有没有独特的内涵与研究方法论？它的发展规律、发展趋势、学科边界与主攻方向，乃至人才培养规律又是什么？澄清和科学认识这些问题非常重要，特别是对准确把握数据科学的发展方向、促进以数据为基础的科学技术与数字经济发展、高质量培养数据科学人才等都有着极为重要而现实的意义。

在新的数据世界中，个人如何生存、企业如何竞争、政府如何提升公共服务、国家如何创新治理体系，都需要重新进行审视与思考。《大数据时代：生活、工作与思维的大变革》的作者维克托·迈尔-舍恩伯格曾提出，世界的本质是数据[2]。因此，把握大数据时代脉络，了解数据科学成因至关重要。

2.1.1 大数据概述

1. 大数据的产生

高速发展的信息时代，新一轮科技革命和变革正在加速推进，技术创新日益成为重塑经济发展模式和促进经济增长的重要驱动力量。信息技术为人类提供了开启智能社会大门的钥匙，同时带动了互联网、物联网、网络金融等现代服务行业的蓬勃发展，由此催生了新能源、智能交通、智慧城市等产业的兴起。现代信息技术正成为各行各业运营与发展的引擎，因为各种业务数据呈几何级数式增长，而这些大数据无疑是引擎中的核心推动力。而大数据的格式、采集、存储、检索、分析、共享、应用等方面的诸多问题，不能再用传统的信息处理

技术解决，这给现代化数据社会、网络社会与智能社会的形成带来了极大的挑战。

如果从字面来看，大数据指的是巨量数据。那么可能有人会问，多大量级的数据才叫大数据？不同的机构或学者有不同的理解，难以有一个非常定量的定义，只能说，大数据的计量单位已经越过 TB 级别，发展到 PB、EB、ZB、YB 甚至 BB 级别。美国互联网大数据平台（Internet Data Center，IDC）指出，互联网上的数据每年将增长 50% 以上，每 2 年便将翻一番，而目前世界上 90% 以上的数据是最近几年才产生的。在 IDC 的报告中，2020 年受新型冠状病毒（COVID-19）的影响，全球创造了 64 ZB 的数据，在 2020—2025 年的预测期内，全球数据创建和复制的复合年增长率（CAGR）将达到 23%……这些都是海量数据的呈现。

2. 大数据的特征

从数据到大数据，不仅仅是数据数量的增加，更是数据质量的提升。最早提出大数据这一概念的是全球知名咨询公司麦肯锡全球研究院（McKinsey Global Institute，MGI）。它是这样定义大数据的：一种规模大到在获取、存储、管理、分析方面大大超出了传统数据库软件工具能力范围的数据集合，具有海量的数据规模、快速的数据流转、多样的数据类型以及价值密度低的特点[3]。

一般认为，大数据主要具有规模性（volume）、多样性（variety）、高速性（velocity）和价值性（value）这四大典型特征，即所谓的 4V，具体特征如图 2-1 所示。4V 也是广受认可的大数据特征。

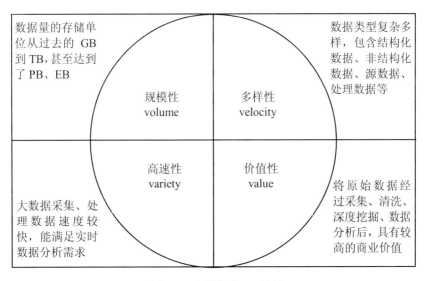

图 2-1　大数据的 4V 特征

随着大数据技术的不断发展，数据的复杂程度愈来愈高，不断有人提出关于大数据特征的新论断。如图 2-2 所示，在 4V 的基础上，增加了准确性（veracity），强调有意义的数据必须真实、准确；增加了动态性（vitality），强调整个数据体系的动态性；增加了可视性（visualization），强调数据的显性化展现；增加了合法性（validity），强调数据采集和应用的合法性，特别是对于个人隐私数据的合理使用。

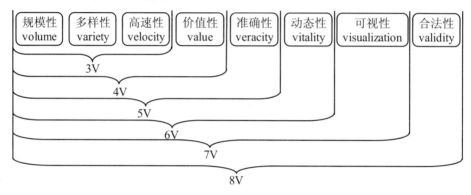

图 2-2　从 4V 到 8V 的大数据新特征

2.1.2　数据科学概述

什么是数据科学？单从字面来看，数据科学是指关于数据的科学或研究数据的科学，是将数据本身视为一个"自然体"来研究隐藏在其背后的观点和趋势。简而言之，相比科学，数据科学更多的是关于数据本身，正如生物科学是研究生物、物理科学是研究物理现象一样。数据是真实的，具有实际属性，数据科学需要研究数据的各种类型、状态、属性及变化形式和变化规律，以揭示自然界和人类行为现象和规律[4]。

1. 数据科学的产生背景

数据科学这个名词已存在多年，但之前其更多的是指经典统计学的方法或者数据管理。1974 年，彼得·诺尔①的《计算机方法简明调查》（*concise survey of computer methods*）一书出版，他在书中对同时代被广泛应用的数据处理方法

---

① 彼得·诺尔（Peter Naur，1928—2016），丹麦计算机科学家，2005 年图灵奖（计算机领域的国际最高奖项）获得者。

的调查中，很自然地使用了"数据科学"这一术语。1997 年 11 月，吴建福[①]在密歇根大学统计学就任 H. C. Carver 讲席教授时，发表了题为"统计学=数据科学？"的公开演讲。演讲中，他将统计学工作描述为数据收集、建模和分析、决策三个流程，并提倡将统计学更名为数据科学，统计学家应被称作数据科学家。

简单地说，数据科学的产生背景主要分数学学科的完善和发展、科学方法论的完备、互联网基础设施的发展、人工智能技术的突破四大方面，如图 2-3 所示。

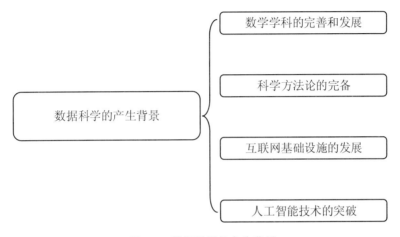

图 2-3　数据科学的产生背景

（1）数学学科的完善和发展

从 G. 康托尔[②]建立集合论[③]，到罗素[④]提出罗素悖论[⑤]，再到出现数学第四次危机，布尔巴基学派完善集合论，数学学科的整个大厦已经建立。数学理论

[①] 吴建福（C. F. Jeff Wu），美国国家工程院院士，应用统计学家，2011 年获得费希尔讲座奖（Fisher Prize，全球统计学家终身成就的最高奖项）。

[②] G. 康托尔（G. Cantor，1845—1918）德国数学家，现代数学之父。康托尔创立的集合论，是实数系以至整个微积分理论体系的基础。

[③] 集合论是数学的一个基本的分支学科，在几何、代数、分析、概率论、数理逻辑及程序语言等各个数学分支中，都有广泛的应用。在大多现代数学的公式化中，集合论提供了要如何描述数学物件的语言，包含了集合、元素和成员关系等最基本的数学概念。

[④] 伯特兰·罗素（Bertrand Russell，1872—1970）是 20 世纪最有影响力的哲学家、数学家和逻辑学家之一，同时也是活跃的政治活动家，并致力于哲学的大众化、普及化。1950年诺贝尔文学奖得主。

[⑤] 罗素悖论是由罗素发现的一个集合论悖论，该理论的提出掀起了第三次数学危机。

的验证、计算公式的推演、数学体系的构建都为数据科学这一新领域提供了极其重要的支撑。

然而数学在现实中的应用却远远不够,甚至有些方面的内容至今都没有找到和现实生活的联系,就好像我们知道有一个地方有无尽的宝藏,然而我们却不知道怎么开采一样,面对前人留下的这些顶尖智慧成果,我们不知如何利用。按照以往的经验,每一个高深数学分支在现实的落地,都将重塑我们对现实的认知。

（2）科学方法论的完备

"范式"一词,英文为 paradigm,一般指已经形成模式的、可直接套用的某种特定方案或路线。在计算机科学界,编程有编程范式,数据库有数据库架构的范式,不一而足。总之,某种必须遵循的规范或大家都在使用的方法即可称为范式。

在科学发现领域,第一范式是指以实验为基础的科学研究模式。具体来说,就是以伽利略①为代表的文艺复兴②时期的科学发展初级阶段的科学研究模式。在这一阶段,据说伽利略爬上比萨斜塔扔下铁球,掐着脉搏为摆动计时,为现代科学开辟了崭新的领域,开启了现代科学之门。

当实验条件不具备的时候,为了研究更为精确的自然现象,第二范式即以理论研究为基础的科学研究模式随之而来。在这个阶段,科学家们会将无法用实验模拟的科学原理用模型简化,去掉一些复杂的因素,只留下关键因素,然后通过演算得到结论。比如我们熟知的牛顿第一定律。在 20 世纪初,量子力学与相对论横空出现,不约而同地以理论研究为主,超凡的头脑和计算超越了实验。

随着验证理论的难度和经济投入越来越高,正在科学研究逐渐力不从心之际,第三范式即利用电子计算机对科学实验进行模拟仿真的模式得到迅速普及。不论在基础科学研究中,还是在工程实验中,计算机仿真③越来越多地取代实验,成为科研的常用方法[5]。

到了 2017 年 1 月 11 日,图灵奖得主吉姆·格雷（Jin Gray）发表了他的著

---

① 伽利略·伽利雷（Galileo di Vincenzo Bonaulti de Galilei,1564—1642）,意大利天文学家、物理学家和工程师,欧洲近代自然科学的创始人。伽利略被称为"观测天文学之父""现代物理学之父""科学方法之父""现代科学之父"。

② 文艺复兴（Renaissance）是指发生在 14—16 世纪的一场反映新兴资产阶级要求的欧洲思想文化运动。

③ 计算机仿真是应用电子计算机对系统的结构、功能和行为及参与系统控制的人的思维过程和行为进行比较逼真的动态性模仿。

名演讲"科学方法的一次革命"。在这篇演讲中，格雷将科学研究的范式分为四类，除了之前的实验范式、理论范式、仿真范式之外，新的信息技术已经促使新的范式出现，这就是第四范式——数据密集型科学发现（data-intensive scientific discovery）。所谓的"数据密集型"，也就是现在我们所称的"大数据"。

不同于第三范式（仿真范式）是先提出可能的理论，再收集数据，然后通过计算仿真进行理论验证，第四范式是先有了大量的已知数据，然后通过计算得出之前未知的可信的理论。它的基本思想是把数据看成现实世界的事物、现象和行为在数字空间的映射，认为数据自然蕴含了现实世界的运行规律，进而以数据作为媒介，利用数据驱动及数据分析方法揭示物理世界现象所蕴含的科学规律。这是以一种类似方法论视角来定义的数据科学的内涵，即数据驱动科学发现。

第四范式将数据科学从其前的三类科学研究范式中分离出来，带来了科学发现和思维方式的革命性改变。

（3）互联网基础设施的发展

随着中国移动互联网基础设施建设取得重要进展，我国 4G 网络用户加速向 5G 迁移。智能终端、移动芯片等产业链建设以及云计算服务，都有长足发展，移动网络基础设施得到进一步夯实强化，使得收集数据非常方便，而且收集的数据非常准确。我们的手机就是一个移动的传感器，无时无刻不在收集个人的数据，而且因为收集的很多都是行为数据，所以非常真实。另外，互联网云服务的兴起，有效解决了算力和存储的问题。云计算作为一种新型的计算资源获取方式，无论是企业还是个人，需要存储数据或者运行模型，不必再购买服务器等硬件工具，而是可以随时获取"云"上的资源，按需灵活使用。比如，亚马逊的通用云服务，谷歌专为深度学习设计的云服务，微软的混合云服务。云计算体系的完备，为海量数据的存储共享提供了可靠的容器，为运行大型的分析算法模型提供了可能性。

（4）人工智能技术的突破

随着信息时代的到来，现代技术成为社会竞争的主导因素。在这一时代背景下，计算机人工智能作为一种现代化技术应用而生，其中的深度学习技术通过组合低层特征形成更加抽象的高层表示属性类别或特征，以发现数据的分布式特征表示[6]，能够更好地发现样本数据的内在规律和表示层次，将几个难题转化成一个大量的重复计算的数学问题。大数据和人工智能的关系是相当密切的。通过建立回归模型、聚类模型、相关性分析模型、置信度评价模型、神经网络等，从大量数据中发现"隐规律"成为切实可行的方法，从而实现大数据价值。至此，数学学科中求解模糊解的若干方法得到了切实的应用。

2. 数据科学的定义

数据的本质是世界运转留下的痕迹，通过对数据的分析和理解，我们才得以理解和改造世界，这是一个闭环的过程。同时，数据也是信息和知识的本质。信息与知识的结构示意如图 2-4 所示。

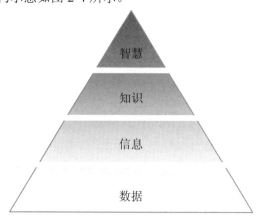

图 2-4　信息与知识的结构图

知识是人类在生产经营的过程中不断总结和归纳出的认识和经验。如果要追溯其本质，就是那些有意义的数据被记录下来，有的在头脑里直接形成规律，我们称作经验；而有的则是需要借助设备记录下来，然后不断地去优化设备，让它跟人脑一样思考，形成规律，下次还用这个规律来经营生产。总的来说，数据是存在于计算机系统中的东西；信息是自然界、人类社会及人类思维活动中存在和发生的现象；知识是人们在实践中所获得的认识和经验。数据可以作为信息和知识的符号表示或载体，但数据本身并不是信息或知识。数据科学的研究对象是数据，而不是信息，也不是知识。我们需要通过研究数据才能获取对自然、生命和行为的认识，进而获得信息和知识。

我们可以从以下四个方面来理解数据科学的含义。

（1）新兴学科

数据科学是一门将现实世界映射到数据世界之后，在数据层次上研究现实世界的问题，并根据数据世界的分析结果，对现实世界进行预测、洞见、解释或决策的新兴科学。

（2）交叉性学科

数据科学是一门以数据，尤其是以大数据为研究对象，并以数据统计、机器学习、数据可视化等为理论基础，主要研究数据预处理、数据管理、数据计算等活动的交叉性学科。

（3）独立学科

数据科学是一门以实现"从数据到信息""从数据到知识""从数据到智慧"的转化为主要研究目的，以数据驱动、数据业务化、数据洞见、数据产品研发、数据生态系统的建设为主要研究任务的独立学科。

（4）知识体系

数据科学是一套以数据时代，尤其是以大数据时代面临的新挑战、新机会、新思维和新方法为核心内容的，包括新的理论、方法、模型、技术、平台、工具、应用和最佳实践在内的知识体系。

3. 数据科学与复杂适应系统

随着数据量的增加，比如说社会系统、生态系统、细胞中各种大大小小的分子构成的网络、神经系统等，可以大规模观察它们，而且能把数据记录下来。细胞、个体、网站、社会团体、全球经济、生态系统等都是由相互作用的成分组成，一般不存在中央控制。通过简单运动的规则产生复杂的集体行为和复杂的信息处理，并通过学习和进化产生适应性，进而可以观测到一种介于秩序和混沌之间的系统——复杂适应系统。复杂适应系统（complex adaptive systems，CAS），也称复杂性科学（complexity science）。20 世纪 90 年代初，美国圣菲研究所约翰·H. 霍兰（John H. Holland）提出 CAS 理论，并首次提出"适应性主体"的概念，即在微观层面具有适应能力的主体在与环境作用的过程中适应环境，在宏观层面主体与主体之间、主体与系统之间相互作用，表现为系统的涌现、非线性、层次结构等复杂的演化过程。

一般而言，大数据属于复杂性系统研究中的一种数据记录，是一种载体。在有些场合下，数据科学是研究手段之一。也就是说，研究复杂性科学，可以通过数据科学的方式开展研究。复杂适应系统的典型例子包括：气候、城市、企业、市场、政府、工业、生态系统、社交网络、电网、动物群落、交通流、社会昆虫群体（例如蚁群）等。数据科学和复杂性科学这两门科学的发展对人类社会的影响会有多大？目前，已知数据科学在生物医学、人口活动、城市发展、生命健康、环境变化等复杂适应系统都开展了深入的研究，衍生了大量相关的理论、技术与方法。这些研究有助于科学工作者提取及分析、处理大容量和复杂来源的科学数据，其中大数据的可视化技术可帮助研究者直观地理解与解释研究内容。

2.1.3 大数据与数据科学的意义

互联网信息技术的迅猛发展为我们开启了一个"靠数据说话，靠数据发展，靠数据创新"的大数据时代。为此，越来越多的国家将大数据与数据科学的发展放在国家科技、社会治理、经济建设同等重要的地位。因此，我们从以下几个方面探讨大数据与数据科学的意义。

1. 大数据的意义

大数据具有大价值，大数据提供对现实世界的离散化镜像描述，形成了与现实世界并行的虚拟世界——数据空间、网络空间，或称赛博空间（cyber space），从而为在虚拟世界中认识和操控现实世界带来了可能。所以大数据的意义体现在为数字经济（包括数字化的实体经济、虚拟经济、网络经济等）和基于数据的科学发现、社会治理提供了基础。更详细地说，大数据的意义主要体现在：提供社会科学方法论，实现基于数据的决策，助推管理科学革命；形成科学研究新范式，支持基于数据的科学发现，减少对精确模型与假设的依赖，使解决过去不能解决的问题成为可能；形成高新科技的新领域，推动互联网、物联网、云计算、人工智能、区块链等行业的深化发展，形成大数据产业；成为社会进步的新引擎，深刻改变人类的思维、生产和生活方式，推动社会变革和进步。大数据正在且必将引领未来生活的新变化，孕育社会发展新思路，开辟国家治理新途径，重塑国际战略新格局[7]。

（1）大数据创造产业发展机遇

大数据与大数据技术是解决众多重大现实问题的共性基础，能够为产业发展升级赋能。特别是大数据技术的底层特性使得它很容易与其他行业技术嫁接，从而形成"以数据为资产、以现代信息基础设施为支撑、以数据价值挖掘为创新要素"的大数据产业。大数据是人工智能应用的基础，也可以为"大众创业、万众创新"提供重要平台。应用好大数据这一基础性战略资源，可以推动传统产业改造升级，培育经济发展新引擎和国际竞争新优势。

（2）大数据推动科学发展

数据收集、处理与分析能力的提升，必然会显著提升人们对客观世界洞察的深度和程序化探究问题的广度。随着数据积累和计算能力的提升，直接从大数据中获取知识成为可能。这种基于大数据分析的探究方式弥补了过去单纯依赖模型和假设解决问题的方法论，形成了一种新的科学研究范式——基于数据的科学发现范式。运用新的范式，过去不能解决或解决不好的问题现在变得能够解决或能解决得更好。

（3）大数据发展将促进国家治理体系和治理能力现代化

在信息化社会，不断涌现的新变化和新需求要求政府部门能够比以往更为高效精准地应对社会问题和细致到位地提供公共服务。大数据技术与数据科学的深度数据挖掘、广度信息聚合、扁平网络传递等特性正好与改进社会治理方式，促进提升社会治理效率和精细度的需求相契合。在大数据背景下，现代社会治理理念所强调的治理主体的多元化、治理过程的互动性、治理手段的科学化等有了更强的技术支持和更广阔的实践空间。大数据已经成为推动社会治理转型的重要契机和技术力量。

2. 数据科学的意义

数据科学能为数据的高效获取、存储、计算、分析和应用提供科学的理论基础和可靠的技术体系。大数据作为重要的信息资产，需要用数据科学技术和全新的思维才能挖掘出它的价值，因此数据科学是大数据发展所必需的。数据科学具有新的原理、新的理论、新的技术、新的方法，能实现大数据价值。

（1）数据科学奠定大数据应用的科学基础

数据科学的一个基本出发点是将数据作为信息空间中的元素来认识，而人类社会、物理世界与信息空间（或数据空间、虚拟空间）被认为是当今社会构成的三元世界。三元世界之间的关系如图 2-5 所示。这些三元世界彼此间的关联与交互决定了社会发展的技术特征，例如，感知人类社会和物理世界的基本方式是数字化（数据化），连接人类社会与物理世界的基本方式是网络化，信息空间作用于物理世界与人类社会的方式是智能化。数字化、网络化和智能化是新一轮科技革命的突出特征，其信息发展正是新一代信息技术的核心所在[8]。

数据科学从三元理论出发，依据三元世界之间的交互关系认识到数据具有很强的科学性、完全性与实用性。在这一认识论的指导下，数据科学奠定了大数据应用的科学基础。特别地，在数据空间的数学结构、分布特征、演化规律的数据学层面，在数据生成机制及机理、与现实世界的镜像关系、虚拟操作平台、虚实/人机接口、可视化原理的三元世界关联层面，在数据到信息、信息到知识、知识到决策的转化机理与方法的数据分析与处理层面，在可学习性与学习理论、数据解译与语义、数据与社会的数据应用层面等基础理论与方法上，数据科学有望取得重大突破。

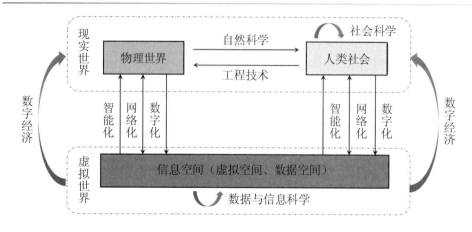

图 2-5　三元世界的关系图

（2）数据科学促进形成大数据分析处理的核心技术

数据科学以大数据为主要研究对象，以数学、统计学、计算机科学、人工智能的多学科融通创新为方法，以建模、分析、计算、学习、推理、可视化等为基本工具。这种融通创新的方法论能够非常完美地将多学科方法进行"杂糅"，从而形成高效的大数据分析与处理技术。例如，将统计学的基于模型假设来进行参数估计、统计推断的方法论，计算机科学的对大规模问题分布并行处理、快速查询与高性能计算、可视化展现的方法论，与人工智能的基于学习来开展预测、自动提取特征、建模复杂数据的方法论进行融通，有望形成数据科学"基于数据建模、基于计算分析、基于统计解释、基于领域应用"的系统大数据分析处理技术。

（3）数据科学蕴含着大数据价值实现的重要途径

作为大数据的方法，数据科学的海量处理能力（特别是分布式处理能力、流式）、并行计算能力、边缘计算能力等使得大数据的量变到质变过程得以完成；其融合分析与处理能力（特别是基于虚拟集成与区块链相结合的互操作技术、基于最优传输的异构数据综合与转换技术等）使得大数据的关联聚合得以实现；其理论上可证明的正确性（theoretically provable correctness，TPC），可解释、可泛化、可并行、可扩展的分析算法使得大数据分析成为可能。所有的这些说明：数据科学能够支撑大数据原理的实现，从而赋能大数据，使其转化为现实生产力，产生大价值。

由此，我们看到，数据科学的产生有其必然性，其发展又有着极端的迫切性与重要性。因此，有学者将数据科学直接解释为"是有关大数据时代的一门科学，即以揭示数据时代，尤其是大数据时代新的挑战、机会、思维和模式为研究目的，由大数据时代新出现的理论、方法、模型、技术、平台、工具、应用和最佳实践组成的一整套知识体系"。

（4）数据科学在各行各业中的应用价值

数据科学几乎与当今所有的现代行业相联系，涉及的领域包括汽车航空、商业、金融、医疗等。随着科学技术的进步，汽车领域也研究发展出了自动驾驶汽车。自动驾驶汽车需要得到精确的决策和预测，需要分析大量数据，其中数据科学起了很大的作用。对于航空领域来说，有段时间由于飞机燃料的上涨和其他费用的增加，航空业开始亏损。为此，航空行业将数据科学引入并用于航线规划。通过对过去 20 年采集的海量数据进行分析，帮助航空公司对乘客的行为做出更加精确的预测，从而规划出更盈利的航线。以前，广告面向广泛的受众时并不能一一对应用户的需求，既增加了广告成本，又不能起到实际的作用。现在，我们可以通过数据科学推断出对产品感兴趣的特定用户，从而做出精准定位，将广告推送给目标用户。此外，在快递行业中，可以应用数据科学，根据距离最短、时间最短和其他各种因素计算最佳路线，确保快递以更高效的方式运输寄送。当然，数据科学的应用并不仅仅局限于上述提到的这些情况。数据科学的应用范围很广，它在各行各业中都能发挥作用，可以帮助行业进步，为行业做贡献。

2.2　大数据、数据科学的发展简史

从文明之初的"结绳记事"，到文字发明后的"文以载道"，再到近现代科学的"数据建模"，数据一直伴随着人类社会的发展变迁，承载了人类基于数据和信息认识世界的努力和取得的巨大进步。然而，直到以电子计算机为代表的现代信息技术出现后，为数据处理提供了自动的方法和手段，人类掌握数据、处理数据的能力才实现了质的跃升。信息技术及其在经济社会发展方面面的应用（即信息化），推动数据（信息）成为继物质、能源之后的又一种重要战略资源。

数据科学与大数据的发展相生相依，我们即将翻开历史，从时代的变革、社会的需求、数据科学里程碑的构建等来回顾数据科学与大数据的发展历程，更好地展望数据时代的未来。

2.2.1 信息革命与数据科学的兴起

人类历史即是一场信息革命的历史。迄今为止，人类历史已经出现过了六次信息革命，如图 2-6 所示。

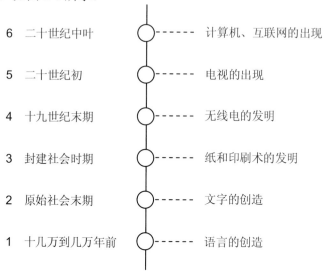

6	二十世纪中叶	计算机、互联网的出现
5	二十世纪初	电视的出现
4	十九世纪末期	无线电的发明
3	封建社会时期	纸和印刷术的发明
2	原始社会末期	文字的创造
1	十几万到几万年前	语言的创造

图 2-6 六次信息革命

第一次信息革命是语言的产生。这次信息革命是解决信息分享。因为发明了语言，信息可以分享，猿这种动物，对于世界的认知，就不再是一只猿自己的认知与理解，而是可以把众多猿的认知与理解收集起来，分享给大家，这样大大提升了猿对世界的认知，也加快了猿的进化速度，这也是人类出现的一个重要力量。

第二次信息革命是解决信息记录问题。信息如果不能被记录，所有的信息是稍纵即逝的，靠人脑无法进行较为精准的记忆，也难以传承，所以需要记录。文字的出现，从根本上解决了这个问题，这也是人类文明的一个基础。没有文字就没有历史、没有文化、没有传承，也难有人类文明。

第三次信息革命是解决信息远距离传输。信息只能近距离传输，人类文明的传播速度就很慢。纸和印刷术的出现正好弥补了这一缺陷，让信息可以大量地、远距离地进行传播，这才促使文明发展速度的加快。

第四次信息革命是实现信息的远距离实时传输。虽然纸和印刷术让信息做到了远距离的传播，但是它效率低、速度慢。让信息相隔很远距离进行实时传输，成为近代信息革命的课题。而无线电的发明，正好实现了当时看似不可能的目标。

第五次信息革命要解决远距离的多媒体传输。电报和广播这类信息，已经非常强大，但是它信息量小、媒体形式单一，主要是以声音为主，文字信息非常简短。人类渴望实时的多媒体传输。电视终于出现，成为现代文明的标志物；同时，它信息量大、媒体形式丰富，时至今日，仍是主流的媒体平台，大大改变了社会政治、经济、文化，尤其改变了人们的娱乐和生活模式。

第六次信息革命是实现信息双向交互传输。要让多媒体的信息传输从广播、电视这种单向的平台转为双向，必须要有新的技术出现。当代最有创造性的信息技术革命就是互联网，它不仅让信息做到了远距离、实时、多媒体、双向交互地传输，而且在这个技术的基础上，产生了很多全新的商业模式和业务模式，也大大改变了世界政治的格局和人们的思维方式。

语言分享信息、文字记录信息、纸和印刷术让信息传输得更远；无线电让信息远距离即时传输，第一次让信息具有社会动员能力；电视的多媒体信息传输，让信息带有丰富情感；而互联网正在重建人类信息传输的一切能力。数据科学技术可以对非结构化数据进行分类、聚类和关联分析，实际上是在模拟人脑的形象思维，进行类比和联想，结合已有的计算机决策技术对结构化数据进行处理，模拟人脑的逻辑思维，进行因果分析。在大数据时代，计算机可以通过模拟人脑的智能，包括逻辑思维和形象思维，使得人类可以从大量的数据中学习到从较少量的数据中无法获取的东西。

因此，我们可以大胆地推测，我们正站在第七次信息革命的大门口，这次信息革命将是"大数据的出现"和"数据科学的兴起"。工业革命后的 200 年里，人们对物理资源（如煤炭、石油、天然气等）的利用已经登峰造极，对新兴能源（太阳能、风能、潮汐能等）的利用也日渐成熟，但对数据资源的利用仍处于起步阶段，后续还有很长的路要走。毋庸置疑，云计算和大数据的出现，将导致社会经济结构和重心由传统的物质和能源向数据时代的时间和空间转换过渡。

2.2.2 大数据的发展历程

大数据作为一种概念和思潮，由计算领域发端，之后逐渐延伸到科学和商业领域。大数据的发展历程大概可分为以下阶段。

1. 大数据出现期（1980—2008 年）

此阶段是大数据概念的萌芽和传播阶段，从概念的提出到专业人士和媒体的认同及传播，意味着大数据正式诞生，但在长时间里并没有实质性的发展，整体发展速度缓慢。

1989 年，为了将数据转化为知识，需要利用数据仓库、联机分析处理（online

analytical processing，OLAP）工具和数据挖掘（data mining）等技术。随着互联网络的发展，企业收集到的数据越来越多、数据结构越来越复杂，一般的数据挖掘技术已经不能满足大型企业的需要，这就使得企业在收集数据之余，也开始有意识地寻求新的方法来解决大量数据无法存储和处理分析的问题。由此，IT 界诞生了一个新的名词——大数据。

大多数学者认为，大数据这一概念最早公开出现于 1998 年。美国高性能计算公司 SGI 的首席科学家约翰·马西（John Mashey）在一个国际会议报告中指出，随着数据量的快速增长，必将出现数据难理解、难获取、难处理和难组织等四个难题，并用"big data（大数据）"来描述这一挑战，在计算领域引发思考。

2008 年 9 月 4 日，《自然》①刊登了一个名为"Big Data"的专辑。该专辑对如何研究 PB 级容量的大数据流，制定用以最为充分地利用海量数据的最新策略进行了探讨。

2. 大数据热门期（2009—2011 年）

此阶段成为大数据发展的热门期。伴随着互联网的成熟，大数据技术逐渐被大众熟悉，各国政府开始意识到数据的价值，尝试拥抱大数据。

2009 年，美国政府通过启动政府数据网站的方式进一步开放了数据的大门。

2011 年 5 月，著名咨询公司麦肯锡全球研究院发布《大数据：创新、竞争和生产力的下一个前沿》的报告，首次提出了"大数据"在商业中应用的概念，认为数据已经成为经济社会发展的重要推动力。大数据指的是大小超出常规的数据库工具获取、存储、管理和分析能力的数据集[9]。

2011 年 12 月，工信部发布的物联网"十二五"规划中，信息处理技术作为四项关键技术创新工程之一被提出来，其中包括了海量数据存储、数据挖掘、图像视频智能分析，这些都是大数据的重要组成部分。

3. 大数据时代（2012—2016 年）

在这个阶段，大数据终于迎来了第一次发展的小高潮。世界各个国家纷纷布局大数据战略规划，将大数据作为国家发展的重要策略之一，这也意味着大数据时代正在悄然开启。

2012 年，《大数据时代》一书出版，大数据这一概念乘着互联网的浪潮在各行各业中扮演了举足轻重的角色。

---

① 《自然》（Nature）是目前世界上历史悠久的、颇有名望的国际性、跨学科的周刊类科学杂志，首版于 1869 年 11 月 4 日，2014 年影响因子达 41.46。

2012 年 3 月，科技部发布的《"十二五"国家科技支撑计划国家文化科技创新工程 2013 年备选项目征集指南》[①]把大数据研究列在首位。中国分别举办了第一届（2011 年）和第二届（2012 年）"大数据世界论坛"。IT 时代周刊等举办了"大数据 2012 论坛"，中国计算机学会举办了"CNCC 2012 大数据论坛"。科技部 863 计划信息技术领域 2015 年备选项目包括超级计算机、大数据、云计算、信息安全、第五代移动通信系统（5G）等。

2013 年被称为中国的"大数据元年"，这也是"中关村贵阳科技园"的诞生之年。此后，中关村和贵阳市开展了更为密切的合作，而贵州省则把大数据当作可以实现工业结构快速更新的"一号工程"。

2014 年，"大数据"首次写入《政府工作报告（2014）》[②]，这标志着我国大数据战略布局进入了"酝酿阶段"。

2015 年，国务院正式印发《促进大数据发展行动纲要》[③]，该纲要明确指出要全力推动大数据的发展和应用。

2016 年，"十三五"规划正式提出实施国家大数据战略，这标志着我国大数据战略进入"落地阶段"。国家发展和改革委员会、工业和信息化部、中央网信办[④]同意贵州省建设国家大数据（贵州）综合试验区，这也是首个国家级大数据综合试验区。同年 10 月，同意在京津冀、珠江三角洲、上海、内蒙古、重庆、河南、沈阳等七个区域推进国家大数据综合试验区建设。

4. 大数据爆发期（2017 年至今）

此阶段，大数据已经渗透到人们生活的方方面面，在政策、法规、技术、应用等多重因素的推动下，大数据行业迎来了发展的爆发期。各地方政府相继出台了大数据研究与发展行动计划，整合数据资源，实现区域数据中心资源汇集与集中建设。同时，大数据对公民隐私的侵犯、如何对大数据行业进行监管等问题也逐步浮出水面。

---

① 该指南为《科技部办公厅关于做好"十二五"国家科技支撑计划国家文化科技创新工程 2013 年度预备项目推荐工作的通知》（国科办函高〔2012〕283 号）的附件。详见：https://www.most.gov.cn/tztg/201207/t20120717_95659.html。

② 《政府工作报告（2014）》是李克强代表国务院在十二届全国人大二次会议上作的政府工作报告。详见：http://www.gov.cn/guowuyuan/2014-03/14/content_2638989.htm。

③ 2015 年 8 月 31 日，国务院以国发〔2015〕50 号印发《促进大数据发展行动纲要》。该纲要是我国发展大数据产业的战略性指导文件。详见：http://www.gov.cn/zhengce/content/2015-09/05/content_10137.htm。

④ 中央网信办，全称中共中央网络安全和信息化委员会办公室。

2017 年 4 月 8 日，由全国信息安全标准化技术委员会制定的《大数据安全标准化白皮书》正式发布。

2017 年 11 月 18 日，由中国商业联合会数据分析专业委员会联合全国 87 位专家共同起草的《中国大数据人才培养体系标准》正式发布。同年 11 月 22 日，贵阳市委市政府出台《关于加快建成"中国数谷"的实施意见》，"推出 100 个以上大数据应用领域（场景），形成 1000 亿元以上主营业务收入，聚集 10 000 家以上大数据市场主体"，一时间，贵阳成为全国大数据创新策源地。

2018 年，达沃斯世界经济论坛等全球性重要会议都将大数据作为重要议题进行讨论和展望。大数据发展浪潮开始席卷全球。

2018 年 5 月 25 日，欧盟出台《通用数据保护条例》（General Data Protection Regulation，GDPR），这一条例被称为"史上最严数据保护法案"。大数据对公民隐私的保护得到重视。

2019 年 2 月 12 日，工业和信息化部、国家机关事务管理局、国家能源局联合印发《关于加强绿色数据中心建设的指导意见》，提出以提升数据中心绿色发展水平为目标，以加快技术产品创新和应用为路径，以建立完善绿色标准评价体系等长效机制为保障，大力推动绿色数据中心创建、运维和改造，引导数据中心走高效、清洁、集约、循环的绿色发展道路，实现数据中心持续健康发展。

2020 年至今，我国大数据战略进入"深化阶段"。随着国内相关产业体系日渐完善，各类行业融合应用逐步升入，大数据的应用范围也逐渐扩大，大数据的应用效能也实现大幅度的跨越。

2.2.3　数据科学的发展历程

回顾数据科学的早期发展历史，我们会发现有两个主题密切相连：大数据意味着计算机的使用频率增加，统计学家很难将纸张上所写算法用计算机实现。由此，数据科学得以出现。不过在数据科学发展之初，因为没有精致的工具、神奇的范式，也没有新科学作为它的支撑，数据科学这个词并不太流行。直到 20 世纪 80 年代，它才开始通过数据挖掘的方式得到发展。随着时间脚步的行进，数据的科学化处理达到了新的高度，而数据科学则在 1996 年叩响了学术界的大门。进入 21 世纪后，互联网的出现使得可用的数据量剧增，数据科学终于得以蓬勃发展。到了大数据时代，产生的庞大数据，为数据科学的应用创造了肥沃的土壤，进而使得一个又一个奇迹的创造成为可能。

1. 萌芽阶段（1962—1990 年）

此阶段，数据科学在黑暗中摸索，科学人员尝试将数学、数据学、统计学进行融合探索，并尝试分析出通用的逻辑法则，重新界定数据科学的准确内涵。这为后来数据科学的发展奠定了理论基础和构建了理论框架。

1962 年，数学家约翰·图基（John Tukey）在《数据分析的未来》一文中，将数据分析描述为"一门科学"，"它是由普遍存在的问题而不是具体问题所定义的"。图基指出，虽然数学只是一组已定义的先验真理，但事实并非如此。数据分析是一门经验科学，可以通过不断的实验获得知识。他似乎或多或少地将统计定义为数学和数据分析的子集。图基认为："数理统计的各个部分都必须寻找其对数据分析或纯粹数学的正当理由。"[10]

1968 年，国际信息处理联合会（International Federation for Information Processing，IFIP）通过了一份题为《数据科学：数据与数据处理的科学，及其在教育中的地位》的报告。

1977 年，国际统计计算协会（International Association for Statistical Computing，IASC）作为国际统计协会（International Statistical Institute，ISI）的一个分支组织正式成立。IASC 的使命是整合传统统计方法、现代计算机技术以及行业专家的知识，以将数据转化为信息与知识。

1989 年，皮阿杰茨基-夏皮罗①组织并主持了第一期"数据库中的知识发现（Knowledge Discovery in Databases，KDD）"研讨会。1995 年，在该研讨会的基础上，美国计算机协会（Association for Computing Machinery，ACM）成立了知识发现与数据挖掘专业委员会（Special Interest Group on Knowledge Discovery and Data Mining，SIGKDD）。ACM SIGKDD 每年举办一次。

2. 生根阶段（1991—2002 年）

此阶段，数据科学开始通过数据挖掘的方式得到发展。随着时间的推进，数据的科学化技术愈发细分，挖掘技术达到了新的高度，数据科学开始作为一门重要的研究领域登上科学研究的舞台。

1996 年，国际分类学联合会（International Federation of Classification Societies，IFCS）在东京召开了两年一次的国际大会。"数据科学"这一术语

---

① 皮阿杰茨基-夏皮罗（Piatetski-Shapiro，Ilya），以色列数学家。由于在齐性复域、离散群、表示论和自守形式等研究领域所作出的重要贡献而荣获 1990 年度沃尔夫奖（数学领域的国际最高奖项之一，被誉为"数学界的诺贝尔奖"）。

首次被用于大会标题中（会议标题为："数据科学、分类及相关方法"）。

1996 年，美国人工智能协会（AAAI）发布的报告《知识发现与数据挖掘：迈向统一框架》（"Knowledge Discovery and Data Mining: Towards a Unifying Framework"）中写道："在数据收集、存储与分布方面所取得的进展产生了对支持数据分析的计算工具与技术的需求。数据挖掘与数据库中的知识发现是个迅速发展的研究与应用领域，其建立在许多领域的技术与理论基础之上，包括统计学、数据库、模式识别与学习、数据可视化、不确定性建模、数据仓库、联机分析处理、数据优化以及高性能计算。"

2001 年，美国统计学家威廉·S. 克利夫兰（William S. Cleveland）发表题为《数据科学：拓展统计学技术领域的行动计划》的论文，旨在扩大统计学领域的主要技术工作范围的计划[11]。由于这项计划雄心勃勃，且暗含实质性变革，因此这些改变了的领域将被称为"数据科学"。

2002 年 4 月，《数据科学》①（CODATA *Data Science Journal*）创刊。该杂志是一份同行评审、开放获取的电子期刊，发表关于管理、传播、使用和重用科研数据和数据库的论文，涉及所有研究领域，包括科学、技术、人文和艺术。该杂志的范围包括对数据系统及其实现和发布、应用、基础设施、软件、法律、再现性和透明度问题、复杂数据集的可获得性和可用性的描述，并特别关注开放数据的原则、政策和实践。

3. 发展阶段（2003—2010 年）

此阶段，数据科学已经开始应用于商业，数据科学正在从后台数据挖掘工作走向前台，参与到实际的商业决策当中。基于数据挖掘探索的数据科学家、数据工程师、数据分析师等职位出现在了越来越多的企业当中，数据科学相关产业初具雏形。

2003 年，《数据科学杂志》②创刊，旨在推动和促进数据科学方法、计算和在从数据中提取知识和见解的所有科学领域的应用。该杂志发表关于数据科学的全方位研究，包括统计学、计算机科学和领域应用。主题可以是涉及理解和有效利用数据的任何领域的数据科学项目生命周期的任何方面（收集、处理、分析、交流等）。重点是数据科学的应用、案例研究、统计方法、计算工具和综述。

---

① 《数据科学》由原国际科学联盟（International Council for Science，ICS）下属的原国际科学数据委员会（Committee on Data for Science and Technology，CODATA）出版。

② 《数据科学杂志》（*Journal of Data Science*）是中国人民大学应用统计科学研究中心的官方刊物。

2005 年 9 月，美国国家科学委员会（National Science Board，NSB）发布了一份研究报告：《永存的数字化数据收集：21 世纪科研与教育的基础》。这份报告的一项建议指出：在最大限度上，数据收集管理者和社会协同工作的美国国家科学基金会（National Science Foundation，NSF），应该采取行动以发展和完善数据科学家的职业道路，以确保研究机构拥有足够数量的高素质数据科学家。

2008 年 7 月，日本工业标准委员会（Japanese Industrial Standards Committee，JISC）发布了一份最终研究报告，这是一份受委托研究"数据科学家的角色与职业发展，以及为研究社区提供专门数据管理技能的调研与建议"的报告。这项研究的最终报告《数据科学家与管理者的技能、角色与职业构建：当前实践评估与未来发展需求》将数据科学家定义为："从事研究工作的人，或者就数据中心的工作人员而言，他们与数据创造者有着紧密的联系，这些人从事创造性的问询和分析工作，使得他人能够处理数字化的数据，并促进数据库技术的发展。"

2009 年，由美国国家科学技术委员会（National Science and Technology Council，NSTC）科学分委会的数字化数据多部门合作工作组提交了一份研究报告《利用数字化数据的力量为科学与社会发展提供支持》。这份报告指出："国家需要支持并促进新学科与特殊才能专家的产生，以应对数据在数字保存、持续获取、再利用方面所面临的复杂的、不断变化的挑战。"

4. 黄金阶段（2011 年至今）

此阶段，数据科学已初形成市场与产业，通过数据科学的方式挖掘数据蕴含的深度价值，成为业界的主流观念。同时，新一代信息技术支撑下的第四次工业革命席卷全球，数字化、网络化、智能化对人类经济社会发展产生了深远的影响。随着数字化进程的不断推进，数字化与数据科学之间的互动转化共同推进了数字科技的发展。

2012 年，《哈佛商业评论》（Harvard Business Review，HBR）表示："数据科学家"是 21 世纪最性感的职业。性感的定义是什么呢？是难以名状的巨大诱惑，又是朦胧美。从企业角度来看，大数据已经形成产业化，不管是新创企业还是传统企业，都为其带来巨大的发展机会，企业需要数据科学家利用大数据来驱动转型升级和业务增长。从个人角度来看，处于数据浪潮中的企业对大数据人才，尤其是数据科学家的需求量极大，挖掘数据的深层次价值就是未来业务的发展方向。

2013 年，学者克里斯·A. 梅特曼（chris A. Mettmann）和瓦森特·达哈（Vasant Dhar）分别在《自然》（*Nature*）和《美国计算机学会通讯》（*communications of the* ACM）上发表题为《计算：数据科学的愿景》（"Computing：A Vision for Data Science"）[12]和《数据科学与预测》（"Data Science and Prediction"）[13]的论文，从计算机科学与技术视角讨论数据科学的内涵，使数据科学纳入计算机科学与技术专业的研究范畴。

Gartner①的调研及其新技术成长曲线表示，数据科学的发展于 2014 年 7 月已经接近创新与膨胀期的末端，将在 2～5 年开始应用于生产高地期。同时，Gartner 的另一项研究揭示了数据科学本身的成长曲线，如图 2-7 所示。数据科学的各组成部分的成熟度不同：语音分析、模型管理、自然语言问答等正在走向实际应用；公众数据科学、模型工厂、算法市场（经济）、规范分析等正处于高速发展之中。

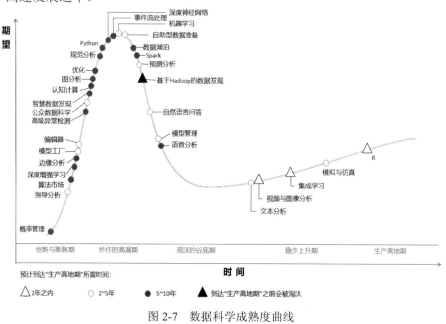

图 2-7　数据科学成熟度曲线

---

① Gartner（高德纳，又译顾能公司，NYSE：IT and ITB），全球权威的 IT 研究与顾问咨询公司，成立于 1979 年，总部设在美国康涅狄克州斯坦福，其研究范围覆盖全部 IT 产业。就 IT 的研究、发展、评估、应用、市场等领域，为客户提供客观、公正的论证报告及市场调研报告，协助客户进行市场分析、技术选择、项目论证、投资决策；为决策者在投资风险和管理、营销策略、发展方向等重大问题上提供重要咨询建议，帮助决策者做出正确抉择。

2021 年，布耶尔斯卡娅（Anastasia Buyalskaya）等人发表论文《社会科学正在进入黄金时代》（"The Golden Age of Social Science"）[14]，这标志着爆炸性泛起的新数据、剖析方式与跨学科方式这三者的交汇达到了新的高度，证明了跨学科研究在科研领域的崛起，也可以看作数据科学在科学研究中迎来了黄金时代。

2021 年 10 月 5 日，2021 年诺贝尔物理学奖授予研究平衡混沌与秩序的复杂的三维复杂适应系统科学家——日本科学家真锅淑郎（Syukuro Manabe）、德国科学家克劳斯·哈塞尔曼（Klaus Hasselmann）和意大利科学家乔治·帕里西（Giorgio Parisi），以表彰他们为我们理解复杂物理系统所做出的开创性贡献。霍金①曾说："我认为 21 世纪将是复杂性的世纪。"现代科学研究是一个涉及方方面面的复杂工作过程，也带来科研管理的复杂性。而数据科学所包含的因果涌现理论、机器学习重整技术、自指动力学等近年来新兴的理论与工具，有望破解复杂适应系统的涌现规律。

2.3 数据科学知识体系

知识是有架构的，知识不单单是独立的知识点，相互之间还有关联和关系，这就是知识体系。为了对数据科学开展研究与应用，应从数据科学知识体系入手，从理论部分和应用部分全面地了解数据科学的构成，尤其站在国家发展战略和决策的层面上，更需要对其有全面、深刻的了解与认知。数据科学的知识体系由统计学、机器学习等领域知识，数据处理、数据计算、数据管理等技术，形成数据可视化等实践应用成果，从这几个方面构成了完整的数据科学知识体系[15]。

2.3.1 数据科学的构成

数据科学注定是一门混合交叉学科，其知识结构也比较复杂，涉及基础的数学方法、计算机的相关知识及相关领域专业知识的运用等。数据科学研究继承了统计学的一些思想。例如，在大量数据上做统计性的搜索、比较、聚类或分类分析归纳，其结论是一种相关性，而非一定是一种因果关系。虽然都依赖于大量的计算，但数据科学与计算机模拟不同，数据科学并非是基于已知的数据模型，而是用大量数据的相关性取代了因果关系和严格的理论和模型，并基

① 斯蒂芬·威廉·霍金（Stephen William Hawking，1942—2018），出生于英国牛津，英国剑桥大学著名物理学家，现代最伟大的物理学家之一。

于这些相关性获得新的"知识"。数据科学的学习需要有很强的学习能力和动手实践能力，同时也必须具有较好的计算机和数学基础。

2010 年，美国数据科学家德鲁·康威（Drew Conway）提出了第一张揭示数据科学的学科地位的维恩图——数据科学维恩图，如图 2-8 所示。康威首次明确探讨了数据科学的学科定位问题。数据科学处于统计学、机器学习和相关领域专业知识的交叉之处，具备较为显著的交叉型学科的特点，即数据科学是一门以统计学、机器学习和相关领域专业知识为理论基础的新兴学科。

数据科学是一个跨学科的课题。它综合了三个领域的能力：统计学家的能力，能够建立模型和聚合（数据量正在不断增大的）数据；计算机科学家的能力，能够设计并使用算法对数据进行高效存储、分析和可视化；相关领域专家的能力，在细分领域中经过专业训练，既可以提出正确的问题，又可以做出专业的解答。简单地说，数据科学具有三个基本要素，即理论（数学与统计学）、实践（领域实务）和科学（计算机科学）。

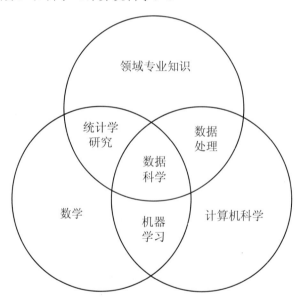

图 2-8　数据科学维恩图

统计学、计算机科学及其他细分领域共同构成了数据科学的技能和技术。这些技能和技术包括数据获取、数据清理、数据分析、创建假设、算法、机器学习、优化、结果可视化等。数据科学汇集了这些领域的各种技能，支持和改进了从原始数据中提取见解和知识的过程，如图 2-9 所示。

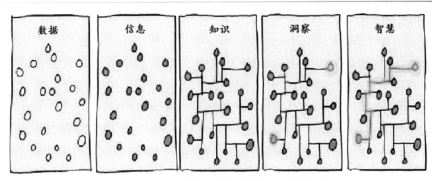

图 2-9　从原始数据中提取见解和知识的过程

1. 数学能力

作为一门基础性学科，数学在数据科学和机器学习领域都发挥着不可或缺的作用。数学基础是理解各种算法的先决条件，也将帮助数据科学家们更深入透彻地了解算法的内在原理。表 2-1 是对数据科学中主要数学技能的描述。

表 2-1　数据科学中的主要数学技能

主要数学技能	说明	关键指标
线性代数	线性代数是机器学习中最重要的数学技能。数据集表示为矩阵，线性代数用于数据预处理、数据转换、降维和模型评估	均值、中值、模式、标准差/方差、相关系数和协方差矩阵、概率分布（二项式、泊松分布、正态分布）、p 值、贝叶斯定理（精度、召回率、正预测值、负预测值、混淆矩阵、ROC 曲线）、中心极限定理、R-2score、均方误差（MSE）、A/B 检验、蒙特卡罗模拟
统计与概率	统计与概率用于特征可视化、数据预处理、特征转换、数据插补、降维、特征工程、模型评价等	成本函数/目标函数、似然函数、误差函数、梯度下降算法及其变体（例如随机梯度下降算法）
多变量微积分	大多数机器学习模型都是由一个具有多个特征或预测器的数据集建立的，因此，熟悉多变量微积分对于建立机器学习模型非常重要	多元函数、导数和梯度、阶跃函数、S 形函数、Logit 效用函数、ReLU（修正线性单元）函数、成本函数、函数绘图、函数的最小值和最大值
优化方法	大多数机器学习算法是通过最小化目标函数进行预测建模的，通过优化方法寻找模型最优权重参数	成本函数/目标函数、似然函数、误差函数、梯度下降算法及其变体（例如随机梯度下降算法）

我们都知道，数据科学离不开各式各样的算法模型。并且，现在有很多性能强大的算法模型可以用来构建回归模型、进行描述性和预测性分析，或者用来生成可视化数据。这些得益于诸如 TensorFlow、Scikit-learn 等机器学习、深度学习算法模型包，任何人都可以构建模型或者生成可视化数据。但与此同时，要优化模型进而生成性能最佳的可靠模型，拥有强大的数学背景也是很有必要的。

也就是说，构建模型只是一方面，另一方面还需要对模型进行解释，得出有意义的结论，这样才能更好地做出数据驱动的决策。在使用每个模型进行数据分析之前，需要充分理解其中蕴含的数学基础，这样才不会只把这些模型当作只关注输入和输出的黑盒工具。

2. 相关领域专业知识能力

通俗地说，相关领域专业知识就是业务知识与关系。无论是政企单位或是民营企业，无论是金融、医疗、房产或是社会管理等行业，数据最终服务的对象都是业务部门，挖掘数据背后的价值是为了推动业务更好地发展，在重大决策中提供客观的分析结果与参考依据。

如图 2-10 所示为业务知识关系图。业务和数据，可以理解为映射关系，数据是业务在数字世界里的表现。举个例子来说，手机可能比你还要了解你自己，就是因为它里面存储了一个数据的你。手机用得越频繁，越多个人数据被记录，手机就会越好用，然后你就会用得更频繁。业务和数据就是这样的闭环促进关系：业务越全面、越深入地线上化，数据对业务的赋能就会越大。当人们从这些数据中发现业务背后的信息，再将这些数据和信息转化成一组规则来辅助业务决策（知识）的时候，数据就会变得很有价值。

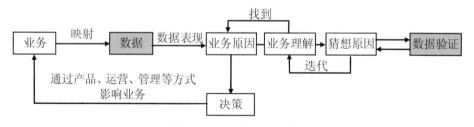

图 2-10 业务知识关系图

我们往往会说根据数据分析的结果去做决策，虽然这样的说法没问题，但不够直接。实际上我们是基于对业务的理解去做决策的，而数据是帮助我们加深业务理解的工具。数据赋能业务一般会经历四个环节：数据表现、业务原因、业务策略和作用方式。最开始我们通过数据去评估业务状态，发现业务表现异常，再全面地分析数据并结合一线的调研反馈，反复地进行猜想和数据验证，弄清楚数据表现背后的业务原因，然后思考解决问题的策略，再落地执行，监控后续效果并不断地迭代，直到问题被解决，业务发展进入正轨。

3. 计算机科学能力

计算机科学是一门包含各种各样与计算和信息处理相关主题的系统学科，从抽象的算法分析、形式化语法等，到更具体的主题如编程语言、程序设计、软件和硬件等。

随着数据量的日益增加，实际开发能力和大规模的数据处理能力是作为数据科学家的一些必备要素。因为许多数据的价值来自挖掘的过程，而大数据的许多记录都是非结构化的数据，如何从这些毫无头绪的文字、语音、图像甚至视频中攫取有意义的信息就需要大数据工程师亲自挖掘。这也意味着，针对存储的海量数据，需要利用计算机技能进行管理、抽取，需要掌握大数据建模与分析的基础理论以及计算机处理的基本技能，通过构建、使用算法模型来挖掘数据价值，运用计算机可视化方法和技术来展示研究分析结果，为解决实际问题提供有效的决策支持。相对应的计算理论、人工智能、计算机视觉、算法设计等都是数据科学中需要重点掌握的技能。

2.3.2 数据科学的相关理论

在大数据时代，数据的实质正在发生根本性的变化，数据已经从记录过程的依据发展成为生产要素。2020 年 4 月 9 日，《中共中央 国务院关于构建更加完善的要素市场化配置体制机制的意见》[①]（以下简称《意见》）发布。这是中央第一份关于要素市场化配置的文件。《意见》分类提出了土地、劳动力、资本、技术、数据五个要素领域改革的方向，数据作为一种新型生产要素被写入文件。

1. 数据科学的基础理论

数据科学的基础理论主要包括数据科学中的新理念、理论、方法、技术及工具以及数据科学的研究目的、理论基础、研究内容、基本流程、主要原则、典型应用、人才培养、项目管理等。需要特别提醒的是，"基础理论"与"理

---

① 《关于构建更加完善的要素市场化配置体制机制的意见》中提出"加快培育数据要素市场"，具体分三个方向：推进政府数据开放共享、提升社会数据资源价值、加强数据资源整合和安全保护。详见：http://www.gov.cn/zhengce/2020-04/09/content_5500622.htm。

论基础"是两个不同的概念。数据科学的"基础理论"在数据科学的研究边界之内，而其"理论基础"在数据科学的研究边界之外，是数据科学的理论依据和来源。具体关系如图 2-11 所示。

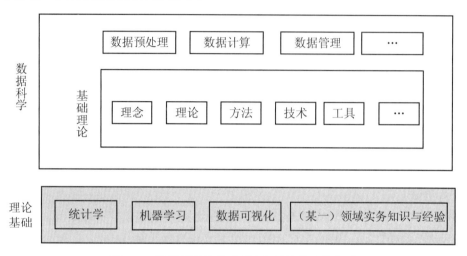

图 2-11　数据科学的基础理论和理论基础的关系

2. 数据生产要素理论

在大数据时代，数据的实质正在发生根本性的改变，数据已经从记录依据发展成为生产要素。原有的生产要素大致分为能源、矿产、土地及其他自然资源，劳动力，资本（诸如货币或货币等价物等）三大类。在过去某一时间段内，我们也曾经模糊地将技术和信息划分在生产要素里，但不够准确和坚定。现在伴随着《意见》的发表，我们可以清晰并坚定地认为：数据是一种重要的生产要素。这个定义不仅可以描述为数据是技术和信息的载体和表现形式，更能精准地阐述数据作为当今科技的核心实质。

当一个新的生产要素加入任何原有的生产方式时，就会使原有生产要素的比例、权重发生改变，对其质量进化产生推动作用，形成新的爆发式增长，甚至是技术性和产业性革命，大幅度促进人类文明的进步。数据这个生产要素一定会起到这个作用。

数据生产要素还具有与原有生产要素相互转化的作用，主要分为以下两种形式。

（1）原有生产要素转化为数据生产要素的倾向

数据按照生产要素进行重新配置时，原有生产要素的存在形式并没有改变，但记录生产要素的数据需要另行抽取出来，用于整体生产要素的配置和部署，再根据部署结果和需要进一步决定下一周期数据的属性和内容。周而复始，整个过程会持续不断地优化和循环，无限接近最佳方案。数据在这个循环中，其数量、内容、属性、结构、内在价值和战略意义将发生巨大的改变，这完全改变了人们原有的数据概念，使数据向泛数据化发展。

究其本质，我们认为，以大数据为手段对事件和数据进行抽取和排除，生成尽可能严谨、科学、内容翔实的全量数据；同时，综合考虑各种成因的利弊，统筹协调各个生产要素的权重，形成科学合理的综合实施规划，对我们国家的经济发展至关重要。

（2）各种生产要素有最优化组合倾向

当数据生产要素作为催化剂和交互媒介时，原有生产要素之间产生相互影响，各自整体权重相互转化，形成向最优化方案靠近的倾向。

例如，在产业升级实践中，突破口就是我们要把手头的生产要素尽可能地数据化，并做到准确、全量、实时、互联互通。如能实现，我们就可以做到数据创新的技术升级，从而带来产业的革命。如把物流数据进行全量整合，就能立即优化能源、人力、资本三个生产要素的权重匹配；把人口分布、人口结构的数据进行智能化处理，就能立即改变公共资源、能源、交通、配套设施资源、行业管理资源的配置结构，甚至带来城市治理革命，优化传统的治理方式，实现真正的智慧城市和数字化管理。

3. 数据创新理论

以数据作为生产要素的新一代信息化建设，面对的机会很多，陷阱也很多。为了避免陷入概念化、空心化、孤岛化的信息化建设中，如何将信息化建设作为创新驱动的推力，实现数据生产要素化，是数据理论的核心，这需要对数据创新理论进行界定和量化[16]。

伴随着数字化技术的发展与数字经济的日臻成熟，以及各种新业态和新商业模式的不断涌现，传统的创新理论也受到了一定的冲击，如何使创新理论更好地服务于数字经济时代是当下需要思考的重要问题之一。数字创新理论一出现就受到理论和实践领域的重点关注，或许它正是破解上述难题的关键所在。

不同于工业革命与互联网革命，数字革命通过广泛终端的移动式和嵌入式连接，以海量信息为基础，以知识的无限延展为工具，以行业边界的日趋模糊为桥梁，极大地释放了创新的潜力与价值，出现了包括开放式创新、平台式创新、嵌入式创新等多种创新模式。

2.4　数据科学的发展

大数据改变着人们的工作、生活与思维模式，进而对文化、技术和学术研究产生深远影响。一方面，大数据时代给各学科领域带来了新的机遇——认识论和研究范式的转变，出现了一种区别于传统学科研究中沿用至今的知识范式的新研究范式——数据范式。数据范式的广泛应用成为现代科学研究的一个重要转变。另一方面，大数据带来的挑战不在于数据的获得、存储、计算，而是各学科领域中的传统知识与新兴数据之间日益突出的矛盾——传统知识无法解释和有效利用新兴的大数据。

数据科学是大数据时代产生的极其特殊的新兴学科，其以揭示数据时代，尤其是大数据时代新的挑战、机会、思维和模式为研究目的，是由大数据时代新出现的理论、方法、模型、技术、平台、工具、应用和最佳实践组成的一整套知识体系。在科学技术不断发展进步以及海量数据不断以超高速的速度生成的背景下，数据科学面临着社会生活方方面面的挑战，时刻保持更新并且能够预测未来的发展趋势是至关重要的。

2.4.1　数据科学面临的挑战

一个学科的形成是人类认知自然、认知社会并推动其进步的产物。它的魅力和价值不仅在于为人们解决某一领域的问题提供科学原则和通用方法，更重要的是，它满足人们不断增长的认知渴望和生产发展需求，这些渴望和需求实时反映在我们必须要面对的亟待解决的各种各样的科学、技术和社会学问题中。数据科学在当前的发展阶段中还存在一些重大的科学技术问题，以及相关的社会学问题。

在重大科学问题方面，徐宗本等人提出了数据科学的重大挑战问题，并建议聚力突破"四大科学任务"，即探索数据空间的结构与特性、建立大数据统计学、革新存储计算技术和夯实人工智能基础[17]。在核心技术方面，提出了应重点突破的"六大技术方向"，即物联网、大数据互操作、大数据安全、大数据存储、区块链、大数据可视化与交互式分析等技术。此外，社会科学专业人才培养也是一项重大挑战[17]。

1. 数据科学的四大科学任务

（1）探索数据空间的结构与特性

信息空间（数据空间）是由数字化现实世界所形成的数据全体，也可称为数据界（data nature），它是平行于现实世界而被认为是三元世界中虚拟的那一个世界，其他两个世界分别为人类社会和物理世界。人类社会是由人构成的，物理世界是由原子构成的，而虚拟世界（数据空间）是由数据构成的。数据空间也是数据科学研究对象之全体。

从这个意义上讲，数据空间本应是数据科学最基本的研究对象，但由于其基础性，现今的数据科学研究基本上都聚焦在将其作为发现知识的工具，而并没有把数据空间自身作为最主要的研究对象。数据空间研究对于数据科学而言具有基本的重要性。正如一个在公司工作的人对公司的空间布局、组织机构、人事制度、成员特征等应该有所了解那样，数据科学的从业者特别是研究者，理应对数据空间所具有的特征、结构、特性了如指掌。

（2）建立大数据统计学

统计学一直被认为是主导和引导人们分析和利用数据的学科。传统的统计学根据问题需要，先通过抽样调查获得数据，然后对数据进行建模、分析获得结论，最后对结论进行检验。所以，传统统计学是以抽样调查数据为研究对象的，遵循了"先问题，后数据"的模式和"数据→模型→分析→检验"的统计学流程。大数据时代"拥有大数据是自然特征、解读大数据是永恒任务"，呼唤了"先数据，后问题"的新模式，这一新模式从根本上改变了统计学的研究对象。过去的研究是基于人工设计而获得的有限、固定、不可扩充的结构化数据，而现在的研究是基于现代信息技术与工具自动记录的、大大超出了传统记录与存储能力的非结构化大数据，这一根本性的改变将推动统计学向数据科学的急剧变革。在这一变革中，有一些带有方向性又容易引起"迷失"的基础问题亟待澄清。

（3）革新存储计算技术

大数据的一些显著特征包括规模大、种类多、变化快、价值密度稀疏等特征。这些特征使得计算机在处理大数据获取、存储、计算、分析及决策等数据价值链的各个环节中面临挑战。尤其是随着规模和速度的快速增长，大数据的特性和效应从量变走向质变，使得大数据存储、计算面临基础理论和技术体系上的革命。近年来，面对挑战，计算机科学界在计算科学的基础理论和技术革新方面已经付出了极大努力，取得了一些重要进展，但一些重大的基础科学问题仍未得到解决，这些基础问题又反过来制约了大数据存储、处理与计算技术的发展。总体来看，我们认为，在大数据快速发展和应用的驱动下，计算机科学中的计算理论、硬件架构、系统软件以及应用模式均面临巨大挑战。

（4）夯实人工智能基础

人工智能是实现数据价值链并彰显数据价值的代表性技术。在第二、三次浪潮推动下，人工智能技术得到迅猛发展，并已取得举世瞩目的成就。这些成就诱发了资本市场的无限追捧，迅即掀起了全球的人工智能热潮。人工智能工作者未必愿意意识到在这一热潮中数据科学的特别价值，但几乎所有人都明白"这其实是大数据红利和计算能力提升所释放的结果"。一些深谋远虑的科学家担心"市场化泡沫"、忧虑"尚无基础的人工智能到底能走多远"，所有这些都体现了建立人工智能基础的重要性和紧迫性。

2. 数据科学六大亟待解决的技术问题

（1）物联网技术

物联网（Internet of Things）技术在大数据价值链中处于数据感知层面。物联网的概念由国际电信联盟（International Telecommunication Union，ITU）在2005年的信息社会世界峰会上正式提出。当时ITU就称，无所不在的物联网通信时代即将来临，世界上所有的物体都可以通过互联网主动进行信息交换。从本质上说，物联网就是"物-物相连的互联网"，是在互联网基础上延伸及扩展到"物端"与"物端"之间进行信息交换与通信的网络。继计算机与互联网之后，人们期待物联网技术能够带来"万物互联"和信息泛在的第三次信息化浪潮。物联网未来研究需要重点突破以下几个方面。

一是标准问题。世界各国存在不同的物联网标准和协议，互不兼容。不同设备制造商、不同平台之间协议标准不一导致的物联网的非标准化问题，是阻碍市场发展的重要因素，统一的技术标准才能使物联网在行业内、行业间实现从点到面、从分散到集中的互联互通。

二是安全问题。当海量数据通过物联网进行传输时，信息安全问题日益凸显。因此，采用适当的信息安全保障机制，提供安全可控的管理和服务能力，显得极为重要。

三是感知技术。作为感知现实世界的重要工具，传感器是自然科学技术与信息技术的紧密结合，需求多样化、技术差异大、成本和能耗是瓶颈。尽管目前传感研发技术在全面展开，但面对物联网的爆发性应用，技术和产品研发还远远不够。对于复杂场景与物理属性的精准感知仍存在技术挑战。

四是存储调度。物联网带来的数据量增长是指数级的，如何既要让这些数据实时可用，又要保证长时间可回溯，这些都对物联网通信、存储和调度技术提出了巨大的挑战。

五是复杂网络行为。物联网与现实世界相互嵌入，构成了具有大数据形态的复杂系统，其感知单元的角色及对整体网络的影响、网络整体行为与演变等都是值得深入研究的基础问题。

（2）大数据互操作技术

大数据汇聚与共享是大数据价值实现的前提，然而不同领域、机构、学科和不同业务所产生和使用的大数据类型千差万别、格式不一致、平台不统一、质量不均衡、概念与模型不一致。因此，要实现数据的汇聚和共享就迫切需要大数据互操作技术，这是实现大数据价值链的关键。未来研究大数据互操作技术需要重点关注以下几个方面。

一是大数据互操作标准协议。大数据系统与业务的多样性，使得大数据的格式、结构、语义、规模等千差万别。因此，需要制定标准协议，对数据通信协议、软件接口以及互操作方法与技术实现等要素进行规范，同时还要制定交互操作的框架规范。除了跨机构、跨行业、跨部门制定标准外，还需要制定解决管理体系复杂、与固有传统业务知识体系相关的标准协议。

二是低质、高频、高噪的大数据环境下的互操作技术。在工业制造、在线服务等业务场景下，大数据快速生成，而且数据采集的噪声与误差频发。在政务等场景下，不同来源的大数据存在不完整、不精确、不一致、更新不及时等问题。所有这些问题对大数据互操作的实际应用带来了巨大挑战。需要研究可提升数据质量的互操作技术，支持跨平台交互。

三是软件定义的大数据交换与协同互操作技术。大数据业务场所最复杂，为了提升跨部门、跨层级软件系统间数据流和控制流交互的流畅性、业务协同的实时性、数据融合的高效性，数据交换与互操作技术需要突破业务案例定制的局限性。因而不同信息系统之间黑箱式数据交换与互操作技术需要虚拟化，需要研究突破基于云模式、数据沙箱等模式下的软件运行实时交互、重组和演化的互操作技术。

四是权属保持和标签化的数据互操作技术。数据作为"原油"特性，有重要的原始价值。跨部门数据交互操作框架要提供可扩展数据权属保持以及数据安全利用的能力支撑。如何在大数据价值链环节实现高价值利用的同时保持数据权属和数据安全，这对技术有很大的挑战。

（3）大数据安全技术

数据安全防护、数据确权、隐私保护等安全技术是大数据流通应用的基础保障。受数据分布的泛在化、数据体量庞大、数据类型多样以及大数据处理时效性等因素的影响，传统的数据安全保护技术不能完全适用于大数据情形。

大数据安全技术既涉及国家数据空间主权、业务系统安全，又关系到个体隐私防护，是一项复杂的理论和技术体系，涉及面非常广泛。一般而言，大数据安全技术包括以数据为主体的安全技术和信息安全领域的大数据技术，这里重点关注大数据环境下数据安全技术。保护大数据安全可以从数据安全的几个基本特性出发，即保密性（confidentiality）、完整性（integrity）、可用性（usability）和可控性（controllability）。

重视大数据安全评测技术的研发，构建第三方安全检测评估体系是保障大数据安全的必要手段。我们需要从平台防护、数据保护、隐私保护等方面促进大数据安全保障能力的全面提升。

（4）大数据存储技术

大数据存储是为保存、管理和查询大数据而专门设计的存储基础设施，是大数据的重要载体，一般以某种组织格式（结构）和布局（索引）来存储大数据，使得上层应用程序和服务能够快速方便地访问和使用。大数据环境下的存储架构与技术面临的挑战包括以下几点。

一是在不损失大数据价值的同时，如何降低数据存储容量需求。大数据的价值密度稀疏且分布不均匀甚至无分布使得很难找到普遍适用的大数据高密度无损压缩算法。

二是在不降低计算并行度的同时，如何提高数据访问的局部性。现有的大数据存储将数据写入和数据分析阶段分开单独优化，很难同时实现计算的并行性和数据访问的局部性。

三是在兼顾大数据存储快速更新时，如何实现精准查询和快速访问。大数据的快速抵达要求快速的数据写入，而支持快速查询的索引结构却无法实时全局更新。

四是如何以尽量低的存储空间开销和性能损失为代价，实现大数据存储的高可用性。容错和纠错是解决可用性的关键，但是往往需要额外的存储空间和计算代价，在大数据规模下这些瓶颈性问题尤为突出。

（5）区块链技术

区块链技术是有关数据流通、交易、赋能的一种平台技术，也可以说是支撑数字化社会在信息空间中建立信任、完成可信交易的技术，是继大型机、个人电脑、互联网、移动网络之后计算机范式的又一次颠覆式创新。

在基础理论上，区块链亟待解决以下科学问题。

一是为数据提供指纹和数据区块哈希指针、哈希函数算法会不会被攻击、被破解。

二是为数据传递、收发所使用的非对称加密方法（如椭圆曲线密码算法）在多大程度上安全、可靠，如何应对量子计算对区块链加密与安全机制的冲击。

三是如何建模复杂的社会学目标、经济学目标、计算性能目标等，为区块链设置科学的共识机制；"挖矿"的更科学机制与度量应该是什么。

如何选择记账节点与记账内容使其在高概率下保持区块链的本质特征等。

（6）大数据可视化与交互分析技术

大数据可视化与交互技术可以以更形象、更直观、更方便的形式揭示数据规律、展现数据状态、调整数据处理，是大数据分析领域的一个重要技术方向。但可视化与交互式分析目前更像是一门实验科学，在形式化描述、理论模型和客观评价等方面存在基础性缺陷。

大数据可视化与交互分析在技术层面的相关挑战包括以下几点。

一是对高动态、高维度、可扩展的多模异构大数据可视化理解、表示与自动生成的理论与方法亟待完善。

二是大数据环境下人机交互行为的可计算模型尚未形成统一理论框架，特别是缺乏多模态人机交互能力的统一描述及其自然性的科学解释、理论判据和评价方法，难以将大数据用户的交互意图以高效、自然的方式传递到计算机。

三是有待建立大数据可视化交互的生产环境，特别是缺乏异构大数据联合的复杂动态大场景快速构建技术；缺少面向大数据可视化内容的无障碍呈现设备与技术，迫切需要虚实结合的大数据虚拟现实展现技术。

四是大数据可视化与交互技术的增值服务模式尚未清晰，缺乏服务社会大众的一体化大数据体验平台，以及有展示度的大数据可视化与交互技术应用案例。

2.4.2　数据科学的发展趋势

数据科学是一个正在成长中的科学体系，其稳定的发展规律还没有完全呈现，但可以观察到一些明显的趋势。从前文的论述可以看出，数据科学具有明显的"多学科融合、大数据依赖、应用面广泛"等特征。本小节进一步说明数据科学整体上正呈现"在多学科中成长——立身之本，在大数据中成名——自身价值，在强基础中成形——核心发展方向"的规律和趋势。

1. 在多学科中成长——数据科学的立身之本

数据科学本是数学、统计学、计算机科学、人工智能等学科内部发展的产物，是其内部分支适应科学发展新态势、社会发展新需求而展开的主动探索与实践的结晶。这样的本源性使得数据科学在不同学科中含有不同的目标定位、内涵理解，甚至不同的称谓。但经过多年的实践以后，今天各学科对数据科学的认识已渐趋一致，但是，出于惯性与学科藩篱，"根植于自身学科发展"在以后的相当长时期内仍将会是数据科学的主要存在形式。

统计学将会是最快接收数据科学并为之全力奋斗的学科。这不仅是因为它在研究对象、研究方法、科学目标上与数据科学相统一，更是因为数据科学为其发展描绘了更加诱人、更加广阔的前景。

计算机科学是最早从更宏大的视角定义数据科学并为之倾力的学科。在他们看来，数据科学就是科学发现的第四范式，是"数据定义世界"的巨大变革。受这一变革的影响，"以计算为中心"的传统计算机应用模式必将为"以数据为中心"的模式所取代，所以必须在计算架构、计算模式、编程语言、数据管理、应用平台等方面全方位地适应大数据。

人工智能虽然是以大数据为基础的，但我们通常并没有意识到它与数据科学的本质联系以及数据科学可能对它产生的影响。人工智能（至少狭义的人工智能）本质上就是数据科学的一部分，但数据科学的"重基础、重模型、重分析"对人工智能研究与发展的影响不可低估。人工智能工作在数值价值链的最末端，是"摘桃子"的阶段，其成果"轰动效应强""曝光率高"，再加之与任何一个领域都可以结合成为"智能+"，给人以"威力无比"的形象。这种形象使得 AI 学科通常并不会主动拥抱数据价值链前端，更不会把精力投放到更为基础的研究中。

数学或许是最开放、最乐见数据科学崛起的学科。数学是"元科学"，它最早开辟了用形式化方法（数据的一种更高抽象形式）认知世界这一当今颇受追捧的认知方法论，所以堪称是数字经济的鼻祖，是不同于自然科学的学科。

上述各学科"八仙过海、各显神通"的研究会带来数据科学多学科冲击式发展，将极大丰富数据科学的内涵和成果，由此，数据科学会变得越来越为各学科、科学界乃至全社会接受和期待。

2. 在大数据中成名——数据科学的价值体现

一方面，大数据是信息科技发展的自然产物，是新的工业革命时期必须倚重的新型生产资料。对我国而言，大数据更是具有竞争优势的生产要素。而另一方面，数据科学能从"奠定科技基础、形成应用核心技术、揭示价值实现途径"等方面全面提供大数据价值实现的有效途径和方法。所以，数据科学能否

"实现其价值"关键看它能否在大数据的应用中做出令人信服的贡献。

或许，人工智能已经帮助我们实现了这样的目标：机器已经在人脸识别的准确性上超过人类，在围棋这样高难度的竞技游戏中战胜了人类，在自动驾驶安全性上超越了人类，在自动阅读肺结节 CT 的水平上也超过了三甲医院的专业医生水平，等等。

如果我们能够真切地认识并认可后述的这样的一些观点——人工智能是通过大数据来实现的，智能感知实现场景/环境到数据的转换是人工智能的第一步，大数据分析与处理是实现人工智能的核心，数据处理是人工智能的芯——那么数据科学的确已经取得令人信服的成就。但问题是，让所有人接受这样的观点是勉强的，我们还必须向社会展示数据科学自身独特的角色、独特的贡献和独有的价值，展示这样的独特贡献和价值构成了数据科学当前及未来的追求。在这样的追求探索中，数据科学就能在大数据中成名，实现其自身价值。

这种努力下的数据科学正显现"更加聚焦数据汇聚效应、更加聚焦大数据分析价值"这样的数据价值链前、中端研究趋势。数据汇聚实现价值，数据共享放大价值。基于这样的考虑，多源异构数据融合、数据调用的互操作、与模式无关或非模式在先的数据库建造、数据开放与隐私保护兼备等大数据管理技术将受到更大关注。

区块链是另一个热点，它不仅提供了大数据的一种去中心化管理、点对点传输、安全可靠的存储应用方式，而且也为价值传递、存储（即所谓的"价值互联网"）提供了基础架构。

大数据分析处理技术一直是大数据技术的核心，也是需要有坚实理论基础支撑的技术。

另外，从 2015 年起，我国大专院校（高校）陆续开设"数据科学与大数据技术"专业，2022 年，该专业全国高校已成功备案 715 所[①]。这一新专业的开设为大数据技术的开发、提升与普及起到了重大推动作用，而如何高质量办好这一专业，如何源源不断地向社会输送高质量的该专业人才，是决定数据科学形象和声誉的重要方面。

3. 在强基础中成形——数据科学的根本核心

一个学科的"魂"是它所具有的独特精神和研究方法论，而这样的精神和

---

① 数据来源：高校大数据与人工智能推进联盟微信公众号，《高校大数据专业排行榜2022 全国 715 所高校数据科学与大数据技术专业教育教学综合实力一览表》一文。详见：https://mp.weixin.qq.com/s/vD0NLbjF7LWWJ2RHn8VX6g。

方法论都是由这一领域的研究者、开发者和使用者在研究、探索、实践中所形成的，是他们心智的结晶和智慧的创造。这些创造形成了一个既具有普遍性，又被实践检验为正确的理论与方法体系。

虽说数学、统计学、计算机科学、人工智能等学科在各自的发展目标驱动下开展了大量数据科学研究，并形成了一些理论、方法、技术、工具和实践成果，但从不同专业视角解读数据科学，存在观点、研究兴趣和研究发现的差异性，甚至可能出现相互重叠或冲突的情况。在这种背景下，如何将分散在不同学科领域中的观点、方法和结论提炼成更为一致、更为准确、更为一般的理论和方法，并通过这些理论和方法为各学科建立新的研究基础，是一个重要而迫切的课题，这是数据科学根本核心的体现。

可以用"否定之否定"方法来对一些学科所持有的某些观点、方法做些更为细微的剖析，以此来说明建立这种学科共识的迫切性与必要性。因此需要搞清楚以下几个问题。

（1）数据范式是否比知识范式更有效

在传统科学研究中，由于数据的获得、存储和计算能力有限，人们往往采取的是知识范式（"知识→问题"范式），即直接用知识去解决问题（第一阶段的人工智能正是如此）。大数据时代的到来为人们提供了另一种研究思路，即采取"数据→问题"这样的数据范式。数据范式的本质是在尚未将数据转换为知识的前提下，直接用数据去解决现实世界中的问题。

与传统认识中的"知识就是力量"类似，在大数据时代，数据也似乎成了力量。"数据定义世界"也正源于此认识（否则就只能说"数据映照世界"了）。我们认为，数据范式是解决问题的一种途径，但并不意味着是比知识范式更为有效的途径；只要有足够的知识，知识范式是解决问题的优先选择，而当知识不充分或者知识难以抽取时，数据模式才是一种可能解决问题的选择。无论如何，"数据→知识→问题"是最基本的过程，构成数据科学的基本任务。

（2）数据科学是否属于第四范式

按照图灵奖获得者吉姆·格雷（Jim Gray）的说法，人类科学研究活动已经历过三种不同范式的演变：以实验发现为特征的"实验科学范式"、以模型和归纳为特征的"理论科学范式"和以模拟仿真为特征的"计算科学范式"，目前正在转向"数据密集型科学范式"（即第四范式）。第四范式的主要特点是科学研究人员只需要从大数据中查找和挖掘所需的信息和知识，无须直接面对所研究的物理对象。

很多人持有的看法是将数据科学视为第四范式，但第四范式除了强调"以数据为中心"的研究特征外，还需要回答以下几个问题：科学方法论究竟贡献了什么？在运用数据空间去认知和操控现实世界时，我们又对数据空间知多少？本应该特别重视的纯粹数据科学研究，其基本科学问题在哪里，如何研究？这一切问题的答案还没有一个科学的答案，一切都还是未知的。

综合来看，数据科学是以建模、分析、计算和学习的杂糅为方法论的，一个科学发现不仅限于一种范式，不能简单地将数据科学视为某一种范式，而应该将其视为几种范式的综合，可以简称为"数据科学范式"。这也是更为有效的科学范式，也可能正是各种范式的综合运用。

（3）更好的算法是否比更多的数据重要

数据科学的主要成果形式是数据产品，而数据产品的"芯"是算法。在传统学术研究中，一个数据产品的智能性主要来自算法，尤其是复杂的算法。算法的复杂度一般随着智能化水平的增强而提升。然而，数据产品中的算法是作用在数据上的，算法性能依赖于所作用的数据集。

这样，算法和数据，哪个更重要？这引发了一场"更多数据还是更好模型的讨论"。经过这场大讨论，人们似乎得到了一个结论："更多数据+简单算法=最好的模型"，这里的"模型"其实是指"解决问题的方案"。

这一结论真的可信吗？一个更多的数据或更大的数据集自然需要一个更为复杂的模型去建模，从而导致一个更为复杂的算法（否则就得不到一个连已有经验都不能很好总结的模型）。如果研讨所得出的结论是用以回答"算法和数据哪个更重要"，并且得出了"数据或数据量比算法更重要"的结论的话，这将导致一个非常错误的理解——当数据足够多时，即使用最简单的算法也能得到很好的结果。这显然是一个误导，否认了算法设计或选择的重要性。事实上，问题、数据/数据量、算法（模型）之间是紧密关联的，它们之间或许存在着非常复杂的非线性关系，这种非线性关系又是什么呢？目前无从知晓！

上述三个问题，"看似容易其实很难，乍看是一个答案但深思之后是另一答案"的问题在数据科学当前流行的书籍、论文、报告中着实还有不少。可以肯定的是，所有这些迷惑性问题都是涉及数据科学基础的重大问题，只有把这些问题从科学上搞明白了，才算是为数据科学确立了根本核心，我们需要的是一个严密的数据科学，而不是一个似是而非的数据学科。

大数据时代，我们需要一个系统的数据科学，正如加州大学伯克利分校迈克尔·乔丹（Michael Jordan）教授指出的，没有系统的数据科学作为指导的大数据研究，就如同不利用工程科学的知识来建造桥梁，很多桥梁可能会坍塌，并带来严重的后果。

2.5　结　　语

大数据发展催生了数据科学，而数据科学承载着大数据发展的未来。大数据是信息科技发展的自然产物，是新的工业革命时期必须倚重的新型生产资料。数据科学能从"奠定科技基础、形成应用核心技术、揭示价值实现途径"等方面全面提供大数据价值实现的有效途径和方法。在浩瀚的科学方法论的海洋里，数据科学的脱颖而出不仅归因于其坚实的理论与发展基础，更依附于为满足人类对美好生活的需求与期望而做出的巨大贡献。理论是实践的基础，对数据科学方法论的持续传承与创新将是新时代推动数据科学在城市治理中实践应用的前提与基石。

本章参考文献

[1] 周波，钱鹏. 我国科学数据元数据研究综述[J]. 图书馆学研究，2013（2）：7-10.

[2] 迈尔-舍恩伯格，库克耶. 大数据时代：生活、工作与思维的大变革[M]. 盛杨燕，周涛，译. 杭州：浙江人民出版社，2013.

[3] 张景虎，孔芳. 人工智能算法在图像处理中的应用[J]. 电子技术与软件工程，2014（8）：96.

[4] 杨升山，杨凤霞. 物理学的研究对象是什么[J]. 科技视界，2012（32）：5.

[5] 陈明. 数据密集型科研第四范式[J]. 计算机教育，2013（09）：103-106.

[6] 李睿凡，王小捷，钟义信. 引入深度学习的人工智能类课程[J]. 计算机教育，2013（19）：58-61.

[7] 曹班石. 大数据　大智慧[J]. 信息与电脑，2013（3）：115-118.

[8] 周国雄. 新一代信息技术：机遇与挑战[J]. 上海公安高等专科学校学报，2014，24（3）：5-10.

[9] MANYIKA J, CHUI M, BROWN B et al. Big data: The next frontier for innovation, competition, and productivity[R]. New York: McKinsey Global Institute, 2011.

[10] TUKEY J W. The future of data analysis[J]. The annals of mathematical

statistics, 1962, 33(1): 1-67.

[11] CLEVELAND W S. Data science: An action plan for expanding the technical areas of the field of statistics[J]. International statistical review, 2001, 69(1): 21-26.

[12] METTMANN C A. Computing: A vision for data science[J]. Nature, 2013, 493: 473-475.

[13] DHAR V. Data science and prediction[J]. Communications of the ACM, 2013, 56(12): 64-73.

[14] BUYALSKAYA A, GALLO M, CAMERER C F. The golden age of social science[J]. Proceedings of the national academy of sciences, 2021, 118(5): 2002923118.

[15] 宋晖,刘晓强. 数据科学技术与应用[M]. 北京:电子工业出版社,2018.

[16] 胡海波. 理论创新及其社会价值[D]. 长春：东北师范大学，2004.

[17] 徐宗本，唐年胜，程学旗. 数据科学：它的内涵、方法、意义与发展[M]. 北京：科学出版社，2021.

第❸章
数据科学在城市治理中的应用实践

　　近年来，互联网、大数据、云计算、人工智能、区块链等技术加速创新，日益融入经济社会发展各领域全过程，数字经济发展速度之快、辐射范围之广、影响程度之深前所未有，正在成为重组全球要素资源、重塑全球经济结构、改变全球竞争格局的关键力量。

——2021 年 10 月 18 日，习近平在中共中央政治局
第三十四次集体学习时的讲话近年来，大数据在全球范围内受到追捧。据统计，平均每秒都有 200 万用户在使用 Google 搜索；Facebook 注册用户超过 10 亿，每天生成 300 TB 以上的日志数据。同时，传感网、物联网、社交网络等技术迅猛发展，引发数据规模爆炸式增长，大数据时代已经到来。麦肯锡全球研究院指出，"大数据已经渗透到工业和商业领域的各个方面，成为影响生产的一个重要因素"，大数据的应用涉及经济、文化、教育、医疗、公共管理等各行各业。正是由于大数据的广泛应用以及其背后蕴藏的巨大潜力和价值，许多国家纷纷将"大数据"的建设和发展上升为国家战略，积极推动大数据应用的发展。

2011 年 2 月，世界顶级学术杂志《科学》①以"数据"为主题出版专刊，大数据从商业问题开始走向严肃的科学理论问题。2012 年 3 月 22 日，美国奥巴马政府宣布投资 2 亿美元拉动大数据相关产业发展，并将数据定义为"未来的新石油"，将"大数据战略"上升为国家意志。2014 年 3 月，"大数据"一词首次被写入国务院政府工作报告，大数据开始成为国内社会各界的热点。2015 年 8 月印发的《促进大数据发展行动纲要》对大数据整体发展进行了顶层设计和统筹布局，产业发展开始起步。2016 年 3 月，"十三五"规划正式提出"实施国家大数据战略"，国内大数据产业开始全面、快速发展。2021 年 3 月，"十四五"规划经第十三届全国人民代表大会第四次会议审查批准，正式发布，"大数据"一词在规划的征求意见稿中出现了 14 次，而"数据"一词则出现了 60 余次，"十四五"规划对于大数据的发展仍然作出了重要部署。

数据科学发展至今，已经成为一门以数据尤其是大数据为研究对象，并以数据统计、机器学习、数据可视化等为理论基础，主要研究数据加工、数据管理、数据计算、数据产品开发等活动的交叉性学科。

大数据的热潮激发了科研人员开始考虑数据科学问题。大数据时代，加速了数据科学的快速发展和应用。数据科学在现今的公共管理、零售、互联网、电信、金融等众多行业快速渗透，影响力迅速扩大，已经成为重要的生产因素。目前，各行业纷纷加快数据科学的应用规模，重构未来的核心竞争力。对于很多行业而言，如何运用数据科学有效利用这些海量数据正成为赢得竞争的关键因素之一。当前，各国正加快数据战略布局步伐，不断深化数据科学在各领域的落地应用。

---

① 《科学》（Science）是美国科学促进会（American Association for the Advancement of Science，AAAS）出版的学术期刊，为全世界最权威的学术期刊之一。该杂志于 1880 年由爱迪生投资 1 万美元创办，于 1894 年成为美国最大的科学团体美国科学促进会的官方刊物。全年共 51 期，为周刊，全球发行量超过 150 万份。

3.1 数据科学的快速发展

数据科学聚焦于通过计算来回答人们关切的重大问题。数据科学的发展依赖数据中心、云计算、超级计算机、高性能并行运算等一系列关键基础设施的发展，这些基础设施作为数据底座为数据科学提供数字基础支撑能力。底座稳固，数据科学发展才可长远。数据科学的发展也依赖越来越丰富的数据资源，又反过来不断提升各行业数据资源的价值，促进数字经济产业集群发展。数据科学的发展还依赖机器学习、深度学习、人工智能、大规模数据可视化、数字孪生等各种各样的数据利用技术的快速发展。

3.1.1 数字基础设施的发展

1. 数据中心的发展

以数字技术为核心驱动的第四次工业革命正在给人类的生产、生活带来深刻变革，数据中心作为承载各类数字技术应用的物理底座，其产业赋能价值正在逐步凸显。

（1）国际方面，世界主要国家均在积极引导数据中心产业的发展，数据中心市场规模不断扩大，投资并购活跃，竞争日益激烈。

（2）国内方面，新基建的发展及"十四五"规划中数字中国建设目标的提出，为我国数字基础设施建设提供了重要指导。我国数据中心产业的发展步入新阶段，数据中心规模稳步提升，低碳高质、协同发展的格局正在逐步形成[1]。

（3）规模方面，全球投入使用服务器新增规模相对稳定，我国保持快速增长。按照全球服务器年增加量统计，2015—2021 年全球年新增投入使用服务器规模相对稳定，净增加值也相对稳定，预计未来几年数据中心规模仍将保持平稳增长。我国数据中心机架规模持续稳步增长，大型以上数据中心规模增长迅速。按照标准机架 2.5 kW 统计，截至 2021 年年底，我国在用数据中心机架规模达到 520 万架，近五年年均复合增速超过 30%。其中，大型以上数据中心机架规模增长更为迅速，按照标准机架 2.5 kW 统计，机架规模达 420 万架，占比达到 80%。

（4）收入方面，全球数据中心市场平稳增长，我国维持较高增速。2021 年全球数据中心市场规模超过 679 亿美元，较 2020 年增长 9.8%。预计 2022 年市场收入达到 746 亿美元，增速总体保持平稳，具体如图 3-1 所示。

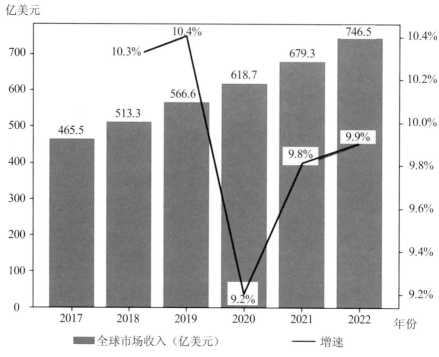

图 3-1　全球数据中心的市场规模

受新基建、数字化转型及数字中国远景目标等国家政策的促进及企业降本增效需求的驱动，我国数据中心业务收入持续高速增长。2021 年，我国数据中心行业市场收入达到 1500 亿元左右，近三年年均复合增长率达到 30.69%。随着我国各地区、各行业数字化转型的深入推进，我国数据中心市场收入将保持持续增长态势。

（5）需求方面，新兴市场需求强劲。从全球范围来看，受全球数字经济加速发展的促进，印度、南非等新兴市场逐步加强对数据中心的政策支持和产业投入，成为拉动全球数据中心需求增长的重要增长极。2015 年启动的"数字印度"计划为印度的数字化发展提供持续助力，大数据中心建设是该计划的重要内容之一。2021 年，南非通信和数字科技部发布了《国家数据和云政策草案》，该草案对国家高性能计算和数据处理中心的建设作出了指引。高性能计算和数据处理中心主要由现有的 Sentech 和 Broadband Infraco 两个数据中心合并而成，上述数据中心将为各级政府、企业及高校提供云服务。以政府力量为主导的数据中心建设，将为南非数字经济发展打下坚实基础。

（6）市场方面，印度智能终端设备及数字化消费场景日渐丰富，数据算存需求激增，旺盛的数字技术应用及消费需求为印度数据中心产业发展提供了有利的外部环境。跨国企业对印度数字经济发展保持乐观态度，并通过数据中心建设强化数字服务能力。2020 年，亚马逊向印度特伦甘纳邦投入 28 亿美元用于在该邦建立新的服务区，这将是亚马逊在印度的第二个云计算区域。亚马逊对印度数据中心市场投入的持续增加，将使其更好地满足印度数据本地化政策。2019 年，北京字节跳动科技有限公司宣布未来三年对印度市场投资 10 亿美元，其中对数据中心的投资占比较大。与投资活跃的印度市场相比，跨国公司对南非市场的投入则尚处于起步阶段。2019 年，微软率先宣布启用位于南非的数据中心，成为全球主要云服务商中率先入驻非洲的企业之一。2020 年，亚马逊在南非的首个云数据中心正式启用，该数据中心为数百万客户提供便捷的云计算服务。随着南非数字经济发展进程的不断加快，预期将会有更多的数据中心及云服务商进军南非市场。

2. 云计算的发展现状

在全球数字经济背景下，云计算成为企业数字化转型的必然选择。随着新基建的推进，云计算承担了类似"操作系统"的角色，是通信网络基础设施、算力基础设施与新技术基础设施进行协同配合的重要结合点，也是整合"网络"与"计算"技术能力的平台[2]。

（1）市场方面，全球云计算市场增速首放缓，我国逆势上扬。全球云计算市场增速明显滑坡。过去几年，全球云计算市场保持稳定增长态势。2020 年，全球经济出现大幅萎缩，以 IaaS、PaaS 和 SaaS 为代表的全球云计算市场增速放缓至 13.1%，市场规模为 2083 亿美元。我国云计算市场呈爆发式增长。2020 年，我国经济稳步回升，云计算整体市场规模达 2091 亿元，增速 56.6%。其中，公有云市场规模达 1277 亿元，相比 2019 年增长 85.2%。私有云市场规模达 814 亿元，较 2019 年增长 26.1%。

（2）技术方面，云原生持续落地，行业应用加速。当前，我国云原生发展呈现出三大特征：一是互联网和信息服务业应用占比显著下降，垂直行业快速崛起；二是云原生技术价值进一步为用户所接受；三是采用云原生架构的生产集群规模显著提升，但规模化应用带来的安全、性能和可靠性等问题仍需考虑。

（3）架构方面，企业上云扩大云网融合需求，边缘计算需求潜力巨大。随着我国各行业上云进程不断加快，用户对云网融合的需求日益增强。2020 年，超过半数的企业对本地数据中心与云资源池间的互联需求强烈。随着国家在

5G、工业互联网等领域的支持力度不断加大，边缘计算的市场需求也在快速增长。2020年，我国已经应用和计划使用边缘计算的企业占比分别为4.9%、53.8%。

（4）安全方面，云计算安全能力提升备受关注，以信任机制为突破的安全体系开始兴起。随着企业上云进程的不断深化和云安全态势日益严峻，传统安全架构已无法满足企业的需求，改造或升级安全架构以应对云环境的威胁与挑战成为企业的首要选择。国际上，Forrester[1]、Gartner、NIST[2]等纷纷定义零信任理念或架构，CSA提出软件定义边界（SDP）模型，打破边界安全理念中网络位置和信任间的默认关系，以适应云计算网络边界模糊状态下的安全需求。Gartner认为，向云计算快速迁移仍是目前最大的安全挑战之一，零信任网络访问（zero-trust network access，ZTNA）将会是企业更安全的选择。在国内，工信部发布的《关于促进网络安全产业发展的指导意见（征求意见稿）》，将"零信任安全"列入需要"着力突破的网络安全关键技术"。

（5）赋能方面，助力数字化转型，成熟度待提升。云计算成企业数字化转型的充分必要条件。以云计算为承载，融合大数据、人工智能、区块链、数字孪生等新一代数字技术于一体的平台底座，是当前企业数字基础设施数字化转型发展的重要方向。2021年3月，国有资产管理监督委员会发布的《关于发布2020年国有企业数字化转型典型案例的通知》中，30多个优秀案例均使用了云计算技术建立系统平台，提升生产运营数据价值，提高工作生产流程自动化水平和工作效率，为企业创造了显著的经济效益。企业数字化转型的整体成熟度以及数字化转型在企业的战略高度均有提升，但整体企业数字化发展仍有很大的上升空间。

3.1.2　数据资源的发展

数据是自然世界的符号化表达，作为第五大生产要素，数据和土地、劳动

---

① Forrester（弗雷斯特市场咨询），作为世界上最具影响力的研究和咨询公司之一，始终致力于协助技术、市场营销、客户体验、产品和销售部门的领袖，以客户为导向，驱动业务增长。通过研究报告、定制化咨询和高端企业交流与会议活动，Forrester 协助全球各地的企业高管，勇于创新，驾驭变革，将客户至上的理念作为企业领导力、战略和运营的中心。Forrester 每年面向世界超过 675 000 名消费者和商业领袖进行调研，具备独特的市场研究洞察力和严谨而客观的方法论。

② NIST（National Institute of Standards and Technology，美国国家标准技术研究所），前身为（美国）国家标准局（National Bureau of Standards，NBS，1901—1988 年），是一家测量标准实验室，属于美国商务部的非监管机构。

力、资本、技术相比有一个本质的区别：数据要素具有很强的附着性，同时具有资源属性和资产属性[3]。随着云计算、大数据、物联网、移动互联网、人工智能等新一代信息技术的迅速发展，并广泛渗透到各行业各领域，数字化、智能化成为当今全球科技与经济的重要发展趋势。与此同时，数据呈指数级爆炸式增长，以数据要素为核心的数字经济异军突起，成为引领产业转型、促进经济增长的重要力量；以数据为代表的信息资源成为新生产要素，是重塑全球竞争格局、构建各国核心竞争力的重要方面。数据资源日益成为与劳动、资本、土地、矿藏、能源同等重要的基础性资源和战略性资源，代表重要生产力和社会财富，在经济生产生活中发挥越来越重要的作用。

早在 2011 年，麦肯锡全球研究院就在研究报告中指出，数据可以为世界经济创造重要价值，提高企业和公共部门的生产率和竞争力，并为消费者创造大量的经济剩余。例如，如果能够富有创造性且有效地利用大数据来提高效率和质量，预计美国医疗行业每年通过数据获得的潜在价值可超过 3000 亿美元，能够使得美国医疗卫生支出降低超过 8%；充分利用大数据的零售商有可能将其经营利润提高 60%以上；通过利用大数据实现政府行政管理方面的运作效率的提高，估计欧洲发达经济体可以节省开支超过 1000 亿欧元。

为充分利用大数据带来巨大机遇，有效应对大数据带来的各种挑战，美国政府最早将大数据发展作为国家战略提出来，一批发达国家也紧随其后积极进行布局，相继出台相关的发展措施，从国家战略层面来规划大数据的发展，以推动大数据的应用与发展。美国 2012 年 3 月推出 "大数据研究与发展倡议"，将大数据作为国家重要的战略资源进行管理和应用；2016 年 5 月进一步发布 "联邦大数据研究与开发计划"，不断加强在大数据研发和应用方面的布局。欧盟 2014 年推出了 "数据驱动的经济" 战略，倡导欧洲各国抢抓大数据发展机遇。此外，英国、日本、澳大利亚等国也出台了类似政策，推动大数据应用，拉动产业发展。美国由白宫科学和技术政策办公室牵头建立了大数据高级监督组，通过协调和扩大政府对大数据的投资，提供合作机遇，促进核心技术研发和劳动力发展等工作促进大数据战略目标的实现。澳大利亚设立跨部门大数据工作组负责战略落地，同时配备专门的支撑机构从技术、研究等角度确保对大数据工作组的支持。英国数据战略分别针对技术能力、基础设施和软硬件建设、推进合作、数据开放与共享等指定具体的负责机构，同时，由信息经济委员会负责根据战略进一步制定具体战略实施路径。

从是否付费的角度来看，数据可以分为两类：免费获取公开数据、付费购买商业数据。其中，免费数据最重要的来源就是政府公共数据，因此，政府数据的共享与开放至关重要；购买商业数据则需要畅通的数据流通渠道，因此需要加强数据流通体系的建设。各国在数据开放与共享方面进行积极尝试，制定了一系列的相关政策，并以实际行动大力推动政策的落实。美国2009年12月出台《开放政府指令》，提出各政府机构要在线发布政府信息，提升政府信息的质量，营造一种开放政府文化并使其制度化，相关机构为开放政府制定可行的政策框架。2012年，美国出台《美国信息共享与安全保障国家战略》，提出国家安全依赖于在正确的时间将正确的信息分享给正确的人。该战略旨在确保信息可以在负责、无缝、安全的环境中共享。2013年5月，美国出台《实现政府信息开放和机器可读取总统行政命令》，要求政府数据的默认状态应该是开放的和计算机可读的，增强数据的可获取性和可用性。2014年5月，美国出台《美国开放数据行动计划》，提出应主动承诺开放，并逐步开放数据资源的原则；发布的数据应做到方便公众使用和查找，并根据反馈完善开放的数据；对未发布的数据应开放数据列表，供公众申请开放等。2012年6月，英国出台《开放数据白皮书》，提出政府各部门应增强公共数据可存取性，促进更智慧的数据利用；各部门均需制定更为详细的两年期数据开放策略。2012年，英国出台《开放政府联盟：英国国家行动计划（2013—2015）》，承诺将制定政府拥有的所有数据集列表；发布地方政府数据透明性法案，要求地方政府开放关键信息和数据，到2015年使英国成为开放政府联盟中透明度最高的国家。2013年10月，英国出台《英国数据能力发展战略规划》，该战略在定义数据能力以及如何提高数据能力方面，进行了系统性的研究分析，并提出了举措建议。2014年3月，英国出台《统计资料与数据开放——开发未利用的知识，赋予公民权利，提升政府服务质量》，主要针对"数据能力战略"执行中出现的问题提出相应的政策建议，如通过立法保障数据开放的合法性和强制性，采用"数据双轨制"发布方法、"五星级数据开放评测系统"标识数据的可用性和可访问性等。纵观这些国家的政策，可以看到两个共性特征：一是数据开放政策均建立在开放政府行动之下，使得数据开放有了更高的战略支撑；二是建立数据开放门户成为普遍趋势，有力保证政策得以落地。例如，美国于2009年正式上线美国Data.gov网站，按原始、地理数据和数据工具三个门类开放数据。到2014年4月，Data.gov开放原始数据集和地理数据集共计90 925个，涵盖了农业、气象、金融、就业、人口统计、教育、医疗、交通、能源等大约50个门类。

数据资源日益成为重要的生产要素和战略资产，而数据的开放和流通是其价值体现的前提和基础，因而数据交易体系的建设就显得尤为重要。据麦肯锡全球研究院预测，开放数据在全球的教育、交通运输、消费市场、电力、石油/

天然气、医疗健康、消费金融（包括银行、保险和房地产）七个领域可以撬动3.2万亿~5.4万亿美元的经济价值。而根据美国参议院商务、科学与运输委员会发布的报告，全美数据中介市场2012年的总规模已达1500亿美元，相当于当年美国情报总预算的两倍。国外数据交易市场始于2008年，得益于较为完善的法律制度、信用体系和数据开放环境，企业间数据交易较为活跃，目前已涌现出 Infochimps、Factual、DataSift、Da-tahub、Qlik Datamarket、Oracle BlueKai、Twitter、Gnip、Windows Azure Marketplace、Acxiom、FUJITSUDataPlaza 等一批知名数据服务商。数据中介通过政府、公开和商业渠道，从数据源头处获取各类信息，进而向用户直接交付数据产品或服务。其中，数据源头、数据中介和最终用户构成了数据流通和交易的主体。目前，国外的数据交易特点是：数据中介以采集和聚合为主，集市类的形态逐渐弱化，用户端需求广泛、应用典型。

党的十八大以来，党中央高度重视发展数字经济，并将其上升为国家战略。2021年10月，习近平在中共中央政治局第三十四次集体学习时强调，发展数字经济是把握新一轮科技革命和产业变革新机遇的战略选择，要把握数字经济发展趋势和规律，推动我国数字经济健康发展。近年来，我国数字经济发展成就显著，特别是新冠疫情暴发以来，数字技术、数字经济在支持抗击新冠疫情、恢复生产生活方面发挥了重要作用。数字经济成为实现经济复苏、推动可持续发展的关键力量。

数据是数字经济时代的核心生产要素。2019年11月，党的十九届四中全会首次将数据与土地、劳动力、资本、技术并列作为重要的生产要素。2020年4月，《中共中央　国务院关于构建更加完善的要素市场化配置体制机制的意见》《中共中央　国务院关于新时代加快完善社会主义市场经济体制的意见》均强调要培育和发展数据要素市场，数据要素的配置能力成为数字经济发展的关键一环。2021年，"十四五"规划明确提出，要建立数据资源产权、交易流通、跨境传输和安全保护等基础制度和标准规范，推动数据资源的开发利用。2022年，国务院政府工作报告进一步提出，促进数字经济发展，释放数据要素潜力，更好赋能经济发展、丰富人民生活；加快培育数据要素市场，进一步释放数据要素潜能，是推动我国经济转型升级以及推进数字经济高质量发展的核心引擎。但是，我国数据要素市场培育还处于初期阶段，在释放数据要素潜能、赋能数字经济高质量发展方面仍存在一系列问题及障碍亟须解决。

自2015年贵阳大数据交易所正式成立以来,各地积极探索建设数据交易机构。自2021年以来，数据交易机构建设进入快车道，北京、天津、上海、广东等地纷纷设立数据交易机构,争夺数据要素市场和数据交易高地。2021 年 3 月,北京国际大数据交易所成立,打造国内领先的数据交易基础设施和国际重要数据跨境流通枢纽。2021 年 10 月,天津市政府批复同意设立北方大数据交易中心,致力于构建全国领先的跨行业、跨区域的"数据汇津"交易流通生态系统。2021 年 11 月,上海数据交易所揭牌,聚焦确权难、定价难、互信难、入场难、监管难等关键共性难题,形成系列创新。在培育发展数据要素市场、建设数据交易机构的过程中,各地充分结合自身资源优势和特点,实践探索数据要素交易流通新模式,取得了较好的成效和社会反响。目前,现有大数据交易机构已覆盖华北、华东、华南、华中、西南、西北、东北全国七大地理分区。从数据交易机构主体性质和发起单位来看,"国资主导、混合所有制、公司化运营"成为我国现存数据交易机构的主要筹建模式。

近年来,我国公共数据开放共享有序推进。以数据开放为例,复旦大学的《2021 年度中国地方政府数据开放报告》显示,截至 2021 年 10 月,我国已有 193 个省级和城市的地方政府上线了数据开放平台,其中省级平台 20 个,城市平台 173 个。但是,公共数据开放仍不能较好满足数字经济发展对数据高效利用的需求。目前,开放的多为公益类数据,垂直领域数据以及跨部门数据开放不足,企业及社会难以获取真正需要的数据进行开发利用。当前,上海、深圳等地先后出台数据管理条例,但这些条例仅为地方规定,缺乏全国通用性。通过对全国已成立的 31 家数据交易机构进行调查发现,目前已有 4 家注销,20 多家虽登记在册,但只有 3 家参保人员大于 10 人,实际开展数据交易业务不足一半。据统计,目前我国通过数据交易机构开展数据交易的市场规模仅为 100 亿元左右。数据跨境流动对于促进国际合作及数字创新、提高经济增长率等至关重要。近年来,国家部委积极推进数据跨境流动安全管理相关工作。中央网信办以及信安标委[①]于 2017 年分别出台《个人信息和重要数据出境安全评估办法(征求意见稿)》《数据出境安全评估指南(征求意见稿)》。2019 年 6 月,又根据征求意见发布了《个人信息出境安全评估办法(征求意见稿)》,但是由于社会各界对评估办法内容争议较大,目前以上评估办法尚未正式发布。2020 年《商务部关于印发全面深化服务贸易创新发展试点总体方案的通知》提出,探索跨境数据流动分类监管模式,开展数据跨境传输安全管理试点,中央网信办指导并制定政策保障措施,北京、上海、海南、雄安新区等试点地区负责推进。当前,各试点地区在数据跨境传输安全管理方面的工作均在探索当中。

---

① 信安标委,全称为全国信息安全标准化技术委员会。

3.1.3 数据科学技术的快速演进

1. 人工智能

在新科技革命和产业变革的大背景下，人工智能与产业深度融合是释放数字化叠加倍增效应、加快战略性新兴产业发展、构筑综合竞争优势的必然选择[4]。

全球不断升级人工智能战略，纷纷抢抓重要发展机遇。人工智能已成为科技创新的关键领域和数字经济时代的重要支柱。自 2016 年起，先后有 40 余个国家和地区将推动人工智能发展上升到国家战略高度。近两年来，特别是新冠疫情的冲击下，越来越多的国家认识到，人工智能对于提升全球竞争力具有关键作用，纷纷深化人工智能战略。欧盟发布《2030 数字化指南：欧洲数字十年》《升级 2020 新工业战略》等，拟全面重塑数字时代全球影响力，其中将推动人工智能发展列为重要的工作。美国陆续成立了国家人工智能倡议办公室、国家 AI 研究资源工作组等机构，各部门密集出台了系列政策，将人工智能提到"未来产业"和"未来技术"领域的高度，不断巩固和提升美国在人工智能领域的全球竞争力，确保"领头羊"地位。日本继制定《科学技术创新综合战略 2020》之后，于 2021 年 6 月发布"AI 战略 2021"，致力于推动人工智能领域的创新创造计划，全面建设数字化政府。英国于 2021 年 9 月发布国家级人工智能新十年战略，这是继 2016 年后推出的又一重要战略，旨在重塑人工智能领域的影响力。我国"十四五"规划明确大力发展人工智能产业，打造人工智能产业集群以及深入赋能传统行业成为重点。2021 年 4 月，工信部支持创建北京、天津（滨海新区）、杭州、广州、成都等第二批国家人工智能创新应用先导区，不断强化应用牵引作用。科技部支持建设多个人工智能创新发展试验区，陆续批复北京、上海、天津、深圳、杭州等 15 个国家新一代人工智能创新发展试验区。

未来人工智能除了重视技术创新以外，还更加关注工程实践和可信安全，这也构成了新的"三维"发展坐标，牵引人工智能技术产业迈向新的阶段。事实上，业界在各个维度上的努力早已开始，并且从未停止过，只是时至今日，工程实践和可信安全被摆在了更为重要的位置。"三维"坐标并非完全独立，而是相互交织、相互支持。

追求特定场景下的技术创新一直是人工智能发展的目标和驱动力。以深度学习为代表的算法爆发拉开了人工智能浪潮的序幕，在计算机视觉、智能语音、自然语言处理等领域广泛应用，相继超过人类识别水平[5]。人工智能算力的多元化以及单点算力的不断提升，有力支撑了人工智能的发展。再到近期，国内外超大规模预训练模型频繁涌现，不断刷新各个应用领域的榜单。未来，在算法、算力等方面仍将持续变革，为迈向更加智能的时代奠定基础。

工程实践能力日益成为释放人工智能技术红利的重要支撑。在工程实践方面的努力，最早可追溯至 Caffe[6]、TensorFlow[7]、PaddlePaddle[8]等开源框架的诞生，通过屏蔽底层硬件和操作系统细节，大幅降低模型开发和部署难度，有效推动了人工智能技术的扩散。当前，人工智能与云计算、大数据等支撑技术的融合不断深入，围绕着数据处理、模型训练、部署运营和安全监测等各环节的工具链不断丰富。人工智能研发管理体系日益完善，以 MLOps[9]为代表的自动运维技术受到越来越多的关注。随着工程实践能力的不断提升，"小作坊、项目制"的赋能方式正在成为历史，未来将会更加便捷、高效地实现人工智能落地应用和产品交付。

可信安全逐渐成为人工智能赋能过程中不可或缺的保障。可信人工智能最早由学术界提出，近年来围绕着安全性、稳定性、可解释性、隐私保护、公平性等方面的可信人工智能研究持续升温。可信人工智能理念得到了国际组织的广泛关注，二十国集团（G20）在 2019 年 6 月提出的"G20 人工智能原则"中明确建议促进可信赖的人工智能创新发展，成为重要的共识。可信人工智能的理念逐步贯彻到人工智能的全生命周期之中，产业实践不断丰富，已经演变为落实人工智能治理相关要求的重要方法论。

人工智能在追求极致创新方面不断突破。一直以来，算法、算力和数据被认为是人工智能发展的三驾马车，也是推动人工智能发展的重要基础。在算法层面，超大规模预训练模型等成为近两年深受关注的热点之一，不断刷新各领域榜单[10-11]；知识驱动的人工智能等方向的研究成为提升认知能力的重要探索[12-13]；人工智能与各科学研究领域的融合创新日益受到关注，人工智能成为基础科学研究的重要工具。在基础算力层面，单点算力持续提升，算力定制化、多元化成为重要发展趋势；计算技术围绕数据处理、数据存储、数据交互三大能力要素演进升级，向类脑芯片、量子计算等方向持续探索[14]。在数据层面，以深度学习为代表的人工智能技术需要大量的标注数据，这也催生了专门的技术乃至服务。随着面向问题的不断具体化和深入，数据服务走向精细化和定制化；此外，随着知识在人工智能的重要性被广泛提及，对知识集的构建和利用不断增多。

新算法不断涌现，技术融合成重要趋势。超大规模预训练模型推动技术效果不断提升，继续朝着规模更大、模态更多的方向发展。自 OpenAI[①]于 2020年推出 GPT-3[15]以来，谷歌、华为、智源研究院、中国科学院、阿里巴巴等企业和研究机构相继推出超大规模预训练模型，包括 Switch Transformer[16]、DALL·E[17]、MT-NLG[18]、盘古[19]、悟道 2.0[20]、紫东太初[21]和 M6[22]等，不断刷新着各榜单纪录，百度 ERNIE3.0 模型在自然语言理解基础和分析平台（General Language Understanding Evaluation，GLUE）上的综合评分已达 90%[23]，智源悟道文澜模型在多源图文数据集评分（RUC-CAS-wenlan）相比 OpenAI 的 CLIP 模型大幅提升 37.0%。当前，预训练模型参数数量、训练数据规模按照每年 300 倍的趋势增长，继续通过增大模型和增加训练数据仍是短期内的演进方向；另外，跨模态预训练大模型日益普遍，已经从早期只学习文本数据，到联合学习文本和图像，再到如今可以处理文本、图像、语音三种模态数据，未来使用更多种图像编码、更多种语言以及更多类型数据的预训练模型将会涌现，这也是实现人工智能通用化的有益探索。

不断探索轻量化深度学习技术，计算效率显著提升。复杂的深度学习模型往往需要消耗大量的存储空间和计算资源，难以在端、边等资源受限情形下应用，具备低内存和低计算量优势的技术成为业界需求。轻量化深度学习成为解决这一挑战的重要技术，包括设计更加紧凑和高效的神经网络结构、对大模型进行剪枝（即"裁剪"掉部分模型结构），以及对网络参数进行量化从而减少计算量等方向。例如，谷歌提出的 MobileNet[24]和旷视提出的 ShuffleNet[25]等成为紧凑模型的典型代表；百度推出的轻量化 PaddleOCR 模型规模减小至 2.8 Mb，在 GitHub 上开源后受到热捧。

人工智能与科学研究融合不断深入，开始"颠覆"传统研究范式。近年来，人工智能对海量数据的分析能力能够让研究者不再局限于常规的"推导定理式"研究，可以基于高维数据发现相关信息继而加速研究进程。2020 年，DeepMind[②]的 AlphaFold2 在国际蛋白质结构预测竞赛（Protein Structure Prediction Center，CASP）拔得头筹，它能够精确地预测蛋白质的 3D 结构，其准确性可以与使用冷冻电子显微镜等实验技术解析的 3D 结构相媲美[26]。中美研究团队使用 AI

① OpenAI，在美国成立的人工智能研究公司。公司核心宗旨在于"实现安全的通用人工智能（AGI）"，使其有益于人类。

② DeepMind，2010 年由戴密斯·哈萨比斯（Demis Hassabis）等人创建的前沿人工智能企业，位于英国伦敦。DeepMind 将机器学习和系统神经科学的最先进技术结合起来，建立强大的通用学习算法。

·87·

的方法，在保证"从头计算（ab initio）"高精度的同时，将分子动力学极限提升了数个量级，比过去同类工作计算空间尺度增大 100 倍，计算速度提高 1000 倍，获得 2020 年 ACM 戈登贝尔奖[27]。更为惊喜的是，人工智能与力学、化学、材料学、生物学乃至工程领域等融合探索不断涌现，未来将不断拓展人工智能应用的深度和广度。

单点算力持续突破，新技术仍处于探索阶段。当前人工智能算力持续突破，面向训练用和推断用的芯片仍在快速演进。这主要源于算力需求的驱动，一方面体现在模型训练阶段，根据 OpenAI 数据，模型计算量增长速度远超人工智能硬件算力增长速度，存在万倍差距[28]；另一方面，推断的泛在性，使得推断用算力需求持续增长。与此同时，新的算力架构也在不断研究中，类脑芯片、存内计算、量子计算等备受关注，但总体上处于探索阶段。训练芯片创新加速，推动芯片朝着专用定制化发展。基于 GPU① 的训练芯片持续增多，面向 GPU 创新的企业开始发力，出现了摩尔线程、天数智芯、壁仞科技等一批专注 GPU 赛道的初创公司。基于 ASIC② 等架构云端训练芯片能力提升显著，寒武纪的思元 370、燧原科技的邃思 2.0 以及百度的昆仑 2 等相对上一代产品均有 3～4 倍以上的算力提升。

数据规模不断提升，构建领域知识集成热点。人工智能的快速发展推动数据规模不断提升。据 IDC 测算，2025 年全球数据规模将达到 163 ZB，其中 80%～90% 是非结构化数据。数据服务进入深度定制化的阶段，百度、阿里巴巴、京东等公司推出根据不同场景和需求进行数据定制的服务；企业需求的数据集从通用简单场景向个性化复杂场景过渡，例如语音识别数据集从普通话向小语种、方言等场景发展，智能对话数据集从简单问答、控制等场景向应用场景、业务问答等方向发展。

2. 数字孪生

数字孪生是一种数字化理念和技术手段，它以数据与模型的集成融合为基础与核心，通过在数字空间实时构建物理对象的精准数字化映射，基于数据整

---

① GPU（Graphics Processing Unit，图形处理器），又称显示核心、视觉处理器、显示芯片，是一种专门在个人电脑、工作站、游戏机和一些移动设备（如平板电脑、智能手机等）上图像运算工作的微处理器。

② ASIC（Application Specific Integrated Circuit，特定用途集成电路），是为了特殊应用而定制的集成电路。ASIC 芯片技术发展迅速，ASIC 芯片间的转发性能通常可达到 1 Gbs 甚至更高。

合与分析预测来模拟、验证、预测、控制物理实体的全生命周期过程，最终形成智能决策的优化闭环。其中，面向的物理对象包括实物、行为、过程，构建孪生体涉及的数据包括实时传感数据和运行历史数据，集成的模型涵盖物理模型、机理模型和流程模型等。[29]

数字孪生的概念始于航天军工领域，经历了技术探索、概念提出、应用萌芽、行业渗透四个发展阶段。数字孪生技术最早在 1969 年被美国国家航空航天局（National Aeronautics and Space Administration，NASA）应用于阿波罗计划中，用于构建航天飞行器的孪生体，反映航天器在轨工作状态，辅助紧急事件的处置。2003 年，数字孪生概念正式被密歇根大学的迈克尔·格里夫斯（Michael Grieves）教授提出，并强调全生命周期交互映射的特征。经历了几年的概念演进发展后，自 2010 年开始，数字孪生技术在各行业呈现应用价值，美国军方基于数字孪生实现 F35 战机的数字伴飞，降低战机维护成本和使用风险；美国通用电气公司为客机航空发动机建立孪生模型，实现实时监控和预测性维护；欧洲工控巨头西门子、达索、ABB 在工业装备企业中推广数字孪生技术，进一步促进了数字孪生技术向工业领域的推广。近年来，数字孪生技术在工业、城市管理领域持续渗透，并向交通、健康医疗等垂直行业拓展，实现机理描述、异常诊断、风险预测、决策辅助等应用价值，有望在未来成为经济社会产业数字化转型的通用技术。

从政策层面来看，数字孪生成为各国推进经济社会数字化进程的重要抓手。国外主要发达经济体从国家层面制定相关政策、成立组织联盟、合作开展研究，加速数字孪生发展。美国将数字孪生作为工业互联网落地的核心载体，侧重在军工和大型装备领域的应用；德国在工业 4.0 架构下推广资产管理壳（AAS），侧重在制造业和城市管理数字化的应用；英国成立数字建造英国中心，瞄准数字孪生城市，打造国家级孪生体。自 2019 年以来，中国政府陆续出台相关文件，推动数字孪生技术发展，2020 年又将数字孪生写入"十四五"规划，作为建设数字中国的重要发展方向。

从行业应用层面来看，数字孪生成为垂直行业数字化转型的重要使能技术。数字孪生加速与 DICT①领域最新技术融合，逐渐成为一种基础性、普适性、综合性的理论和技术体系，在经济社会各领域的渗透率不断提升，行业应用持续

---

① DICT 是指在大数据时代 DT（data technology，数字技术）与 IT（information technology，信息技术）、CT（communication technology，通信技术）的深度融合。从狭义上讲，DT 是一种数据技术，从广义上讲是指云服务下的数据价值创造。

走深向实。工业领域：在石化、冶金等流程制造业中，数字孪生聚焦工艺流程管控和重大设备管理等场景，赋能生产过程优化；在装备制造、汽车制造等离散制造业中，聚焦产品数字化设计和智能运维等场景，赋能产品全生命周期管理。智慧城市领域：数字孪生赋能城市规划、建设、治理、优化等全生命周期环节，实现城市全要素数字化、全状态可视化、管理决策智能化。另外，数字孪生在自动驾驶、站场规划、车队管理、智慧地铁等交通领域中，在基于 BIM（building information model，建筑信息模型）的建筑智能设计与性能评估、智慧工地管理、智能运营维护、安全应急协同等建筑领域中，在农作物监测、智慧农机、智慧农场等农业领域中，在虚拟人、身体功能监测、智慧医院、手术模拟等健康医疗领域中也有不同程度的应用。

从市场前景层面来看，数字孪生是热度超高的数字化技术之一，拥有巨大的发展空间。Gartner 连续三年（2017—2019 年）将数字孪生列入年度十大战略性技术趋势，认为它在未来 5 年将产生颠覆性创新，同时预测到 2021 年，半数的大型工业企业将使用数字孪生，从而使这些企业的效率提高 10%；到 2024 年，超过 25% 的全新数字孪生将作为新物联网原生业务应用的绑定功能被采用。Marketsand Markets[①]预测，2026 年，数字孪生市场规模将由 2020 年的 31 亿美元增长到 482 亿美元，年复合增长率 58%。

3.2 数据科学在社会治理方面的应用

3.2.1 "四川 e 治采"微信小程序助力基层社会治理

"四川 e 治采"是四川省 2020 年 7 月推出的微信小程序。面向全省社区民（辅）警、网格员、社区工作人员，在互联网端开通"四川 e 治采"微信小程序，服务全省"一标三实"（标准地址、实有人口、实有房屋、实有单位）基础信息登记核实及第七次全国人口普查户口整顿工作。"四川 e 治采"在赋能第七次人口普查工作的基础之上，持续开通"一标三实"常态化走访、矛盾风险排查调处、电信诈骗核实、涉诈窝点核实、失踪人员核实、疫苗接种核实、流调溯源等多类业务场景，"四川 e 治采"部分功能展示如图 3-2 所示。

---

① Marketsand Markets 是一家全球性市场调查和资讯公司，总部设在美国，主要从事战略分析市场报告的调研和发布，是全球财富 500 强企业之一。

图 3-2 "四川 e 治采"部分功能展示

"四川 e 治采"积极对接"治安管理协同服务——涉疫重点关注人员数据查询服务接口",同时连接全国户籍人口信息查询、全国流动人口及居住证信息查询,以及国家电子政务资源共享平台提供的婚姻、社保、教育、卫生计生信息查询服务,依托我省治安综合信息资源库汇聚的户籍人口信息、"一标三实"信息、旅店住宿信息、社会行业采集信息、政务共享信息等数据资源,研发上线人口信息核查实战子系统,为疫情防控工作提供信息快速批量核查比对服务及重点地区迁入四川人员、网约房入住人员、重点地区在川流动人口、健康证办理涉疫人员等线索信息推送服务"四川 e 治采"技术架构,如图 3-3 所示。

图 3-3 "四川 e 治采"技术架构图

下面具体介绍"四川 e 治采"的几个功能体系。

1. "四川 e 治采"走访调查体系

四川省公安厅将脱敏脱密处理的标准地址、实有房屋、实有人口信息共享到"四川 e 治采"上，基层干部、网格员注册后，就能查询到其管辖区域的"人房业"基本信息，赋能他们开展入户调查和信息采集维护。通过"四川 e 治采"进行入户走访登记已成为"一标三实"信息采集工作的日常。截至 2022 年 6 月，用户覆盖四川省 21 个市（州）、3 万余个村（社区），社区网格员、物业管理员、村（社区）干部等基层用户规模达 7 万余人。

2. "四川 e 治采"矛盾风险排查分流体系

依托"四川 e 治采"矛盾纠纷排查模块，由基层群防群治力量注册后，排查上报各类矛盾纠纷风险隐患，上报信息经派出所、县市公安机关审核后，属于公安机关主管的，由公安机关牵头研判处置；不属于公安机关主管的，分流推送至四川省网格化管理系统，矛盾纠纷多元化解信息平台和相关系统。截至 2022 年 6 月，基层群防群治力量共排查各类矛盾纠纷风险隐患信息 30 余万条。

3. "四川 e 治采"流调溯源体系

依托公安大数据基座，"四川 e 治采"流调溯源将涉疫信息高效、精准推送至属地疫情防控部门和一线流调溯源人员、基层干部、网格员，包含近 14 天核酸检测情况（四川省）、近 14 天红黄码历史、疫苗接种情况（全国）、接触本轮新冠肺炎病例等信息，以及病例地图轨迹、暴露人员、重点场所等信息，为社区防控措施制定提供依据。截至 2022 年 6 月，平台累计推送涉疫风险人员百万人次，从任务发起到信息接收由原来的 1 个小时缩短至 10 分钟以内。切实打通了数据赋能一线流调"最后一公里"，为疫情防控提供了准确、高效、安全的数据支撑。

4. "四川 e 治采"精准反诈体系

四川省公安厅通过"四川 e 治采"实时汇聚国务院联席办和省联席办分析研判的反电信诈骗预警数据，将易受骗人员信息及时推送基层派出所和群防群治力量，建立起推送、分派、反馈、统计、监督、考核全流程信息化闭环处置的精准劝阻工作机制。截至 2022 年 6 月，通过"四川 e 治采"反诈模块，累计向 21 个市（州）、2000 余个派出所推送了 300 余万条电信网络诈骗预警指令，属地派出所第一时间组织社区民（辅）警和群众群治力量点对点开展劝阻宣防，其中劝阻成功 200 余万人次，发动群防群治力量劝阻 30 万余人次。

未来，"四川 e 治采"将构建关爱帮扶新体系，发挥信息资源优势，对存在重大风险、需要落实关爱帮扶措施的重点高危人员、特殊群体开展精准关爱帮扶，增强帮扶救助工作的针对性和实效性；将构建未成年人保护新体系，积极探索未成年人安全风险的预防机制，实现及早发现安全风险，及时向职能部门和相关监护责任人员精准预警，遏制、减少与预防未成年人受害和非正常死亡事件发生。"四川 e 治采"将通过凝聚社会力量，逐渐延伸管理服务触角，形成基层社会治理的新格局。

3.2.2 四川"智慧平安小区"赋能社会治安风险管控

伴随治安综合建设工作的推进和大数据、云计算等技术的发展，社会治安被赋予了新形势、新常态下更新的内容。小区作为区域人、地、物、组织、事件等要素集中的基本单元，是保持社会治安持续稳定，维护基层社会和谐稳定的基础。2019 年，四川省公安厅印发《关于开展首批省级智慧平安小区试点建设的通知》，初步建立四川省省级"智慧平安小区"。

在人像比对应用基础之上，四川省联合国内主流人脸识别算法厂商，搭建起全国治安系统首个省级治安"AI 能力层"，为四川省省级"智慧平安小区"人脸识别进出通道提供多维度算力支撑，并建立了小区人脸识别、人员进出轨迹记录、内外网数据传输的业务闭环。同时，基于通过智能化升级的新一代移动警务平台的巡逻盘查系统二期，构建基于动态分析模型的后台大数据应用，开发"人、车、物"自动预警模型，对社会中流动人员、车辆开展安全风险等级评估和情报预警精确推送，初步实现街面防控模式由传统的民警凭经验判断可疑人车、被动无序盘查向现代的情报信息后台自动分析预警、指引民警主动盘查转变。

四川省省级"智慧平安小区"建设应用是指在小区出入口前端安装人脸识别智能设备，通过"刷脸进门"方式自动采集进出人员人脸标准照片，通过公安边界接入平台汇聚到公安内网，与四川省公安厅"AI 能力层"数据实时比对生产服务对接，比对出小区漏登错采的实有人口从业人员和进出的重点人员，及时推送给属地派出所和管辖民警，实现小区"一标三实"采集维护、重点人管控智能化，如图 3-4 所示。

截至 2022 年 7 月，四川省共正式上线省级"智慧平安小区"1 万余个，重点预警次数 1 万余次。通过"智慧平安小区"无感知采集、智能化维护、精准化管控新模式，实现了已接入小区治安防范、人口采集等业务流程系统性重塑。"智慧平安小区"赋能社会治安管控体现在：促进公安业务管理人员及派出所基层民警迅速掌握工作情况，有效解决工作中遇到的重难点内容；同时，依托互联网环境，通过数据反哺，致力于构建政府部门、社会力量、小区居民等多元主体参与的共建、共治、共享模式。

 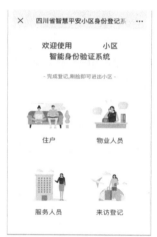

图 3-4　四川省"智慧平安小区"平台功能展示

3.2.3　四川公安"微户政"提高服务便民化

为响应国家"放管服"①政策，推动智慧政务建设，运用信息化手段解决企业和群众反映强烈的办事难、办事慢、办事繁的问题，四川省 2017 年建成以"四川人口信息服务网"PC 端和"四川公安微户政"微信公众号为载体的户政便民服务平台，探索推进互联网端业务办理。

"四川人口信息服务网"为公民个人和企事业单位提供线上便捷的人口信息服务，力图解决用户办事难、耗时长等问题，现已开通"办事指南""业务终端""院校专区"等业务板块，如图 3-5 所示。"大中专集体户专区"为四川省高校学生提供户口迁移网上办理服务，学生无须往返各地办证点办理业务，可在网上直接办结。"律师专区"为全国范围内需查询四川户籍人口的律所机构提供网上查询服务，联合司法厅身份核验机制确保核验律师及机构的真实性，通过邮寄服务，实现律师查询人口基本信息"一次不跑"。

---

①　"放管服"即"简政放权、放管结合、优化服务"，是我国深化行政体制改革、推动政府职能转变的一项重大举措。2015 年 5 月 12 日，国务院召开全国推进简政放权放管结合职能转变工作电视电话会议，首次提出"放管服"改革的概念。2020 年 5 月 22 日，李克强在 2020 年国务院政府工作报告中提出，"放管服"改革纵深推进。

图 3-5　四川省人口信息服务网

四川公安"微户政"向群众提供户籍、居民身份证、居住证等业务的网上申请、预约预审、在线填表、证件办理、业务办理等服务功能，提供身份证办理进度查询、新生儿取名指引、地图导航、电话咨询等便民服务。如图 3-6 所示为成都公安"微户政"的部分功能展示。我省开通四川公安"微户政"系统，在互联网上创新设置了户政类业务 10 项（300 多类小项），查询类业务 6 项，户政类通办事项数量居全国前列。截至 2022 年 6 月，全省已通过"微户政"网上办理户政类业务共计 203.95 万件，查询类 64.17 万次，周均 7000 余条业务办理服务申请。

四川省牵头全国各试点片区实现了户口迁移和户籍类证明"全国通办"，同时，居民身份证换补领也在全国铺开应用，高频户政业务"多地跑""折返跑"成为历史。截至 2022 年 6 月，累计办理户口迁移"全国通办"10.78 万件，户籍类证明"全国通办"144 件[①]。

"微户政"成效显著，主要体现在以下方面。

一是实现了基础管理信息跨区域查询应用。主要通过汇聚全国治安业务、警务共享、政务共享、社会化采集、互联网采集等各类信息，供全国治安系统查询应用，解决跨省市区信息资源"壁垒"问题。

二是实现了业务管理信息跨区域联动应用。主要通过汇聚"一标三实"、居住证及流动人口信息、违法犯罪信息、治安重点人员信息、空间全息档案等各类人、房、业基础信息资源，实现了治安部门居住证办理、流动人口管理、治安重点人员管控、出具无违法犯罪证明等业务工作全省联动，提升治安系统情报信息主导警务能力。

---

① 数据来源：四川省公安厅基层基础工作总队。

95

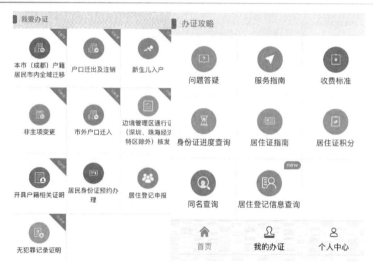

图 3-6 四川公安"微户政"（以成都公安"微户政"为例）

三是实现了人像比对技术跨区域深度应用。主要通过搭建全省人像比对技术应用平台，对治安重点人员照片建模，通过人脸识别、可信身份识别、智能网关等技术建设，在人像比对全国联网协查的基础上，推进"智慧平安小区"、治安检查站和卡口建设，实现治安信息采集智能化、动态化，实现治安重点人员全省布控、动态管控。

四是实现了治安信息资源跨区域深度应用。主要通过建立全省地址空间主题库、人口主题库、治安重点人员专题库、人员背景核查专题库，依托科技信息公司资源和全省治安民警智慧，共同开发各类治安大数据预警分析模型和研判平台，实现对各类治安维稳风险隐患的提前预警、预防、预测。

五是实现了便民服务机制跨区域联动应用。主要通过搭建全省治安系统"互联网+治安管理服务平台"，开发电子证照、电子档案系统等，实现川渝地区户籍迁移"一站式"办理、治安业务跨区域联动协同等，提升全省治安系统便民服务水平。

3.3 数据科学在公共卫生方面的应用

数据科学在公共卫生、公共交通、犯罪预防等各个领域均有广泛应用，本节主要聚焦数据科学在公共卫生方面的应用。

3.3.1　数据科学在医学影像诊断中的应用

随着医疗信息化和数字化诊断的发展，医疗监测指标不断增长，数据量越来越庞大，亟须强大的数据处理技术为医疗领域提供有力的支持。数据科学的子集深度学习是大数据分析所涉及的关键技术之一，它克服了传统机器学习算法依赖人为特征建立与筛选的限制，在疾病诊断、视觉对象识别、目标检测、药物发现等诸多领域都取得了较好的实践结果。目前，深度学习主要集中于医学图像、电子病历、药物研发和基因组学分析等应用中，并在 2019 年发现的新冠病毒的分析工作中发挥了重要作用。本小节主要讲述数据科学的子集深度学习在医疗影像诊断中的应用[30]。

近年来，深度学习技术在计算机辅助检测/诊断①（以下简称 CAD）方面被广泛应用，并驱动医学影像学和诊断放射学取得了巨大进展。在计算机视觉任务中取得了巨大成功之后，各种深度学习模型很快就应用于 CAD。这些应用包括乳腺癌、肺癌、青光眼和皮肤癌的早期发现和诊断。

在深度网络中结合不同类型的领域知识成为一种趋势。例如，要结合放射科医生确定病变分类（良性或恶性）的重要特征，一种简单的方法是将手工制作的特征与从深度学习模型中提取的特征进行组合，然后将其输入分类器中；对网络体系结构进行修改，以模拟放射科医生读取图像时的模式。注意力机制可以使网络更加关注图像的特定区域，这种技术可以将放射科医生对他们通常关注医学图像的区域知识纳入其中。另外，多任务学习和元学习也被广泛用于将医学领域知识引入深度学习模型。

将医学影像分析按任务进行分类，可以分为疾病诊断，病变、器官和异常检测以及病变和器官分割。这三个任务涵盖了大多数医学图像分析。将深度学习的方法应用于这三个任务，能够有效促进 CAD 的发展。

1.　疾病诊断

疾病诊断是指根据图像确定可能疾病的类型和状态的任务。传统疾病的诊断是由放射科医生根据其经验进行的。为了减少操作者的依赖性并提高诊断的准确性，在过去的几十年中已经开发了基于机器学习技术的 CAD 系统[31]。本质上，疾病诊断是一项分类任务，可以将图像分类为正常或患病、良性或恶性

---

① 计算机辅助诊断（computer aided diagnosis，CAD）或计算机辅助检测（computer aided detection，CAD）是指通过影像学、医学图像处理技术以及其他可能的生理、生化手段，结合计算机的分析计算，辅助发现病灶，提高诊断的准确率。

等。这些 CAD 系统通常首先从图像中提取一些特征，然后将它们输入分类器中以给出最终结论。但通常由放射科医生确定要选择的特征。

最近，深度学习技术，尤其是卷积神经网络，在各种计算机视觉任务中取得了巨大成功，这主要归功于其自动提取区分特征的能力。不同类型的卷积神经网络[①]（以下简称 CNN）可以直接应用于疾病诊断。

CNN 采用交替的卷积和池化层，每层包含可训练的滤波器组。滤波器组中的每个单独的滤波器都可以生成特征图。这个过程是交替进行的，CNN 可以学习越来越多的抽象特征，这些特征随后将由全连接层用来完成分类任务。

不同类型的 CNN 架构已在各种疾病的诊断中取得了巨大成功。例如，AlexNet 用于糖尿病性视网膜病变（DR）的诊断，在标准 KAGGLE 眼底数据集上达到 97.93% 的分类准确率。GoogLeNet、ResNet 和 VGGNet 模型用于犬溃疡性角膜炎的诊断，当对浅表和深层角膜溃疡进行分类时，大多数模型的准确率均超过 90%。DenseNet 被用于在胸部 X 射线片上诊断肺结节，可以检测到超过 99% 的肺结节[32]。在各种 CNN 架构中，发现 VGGNet 和 ResNet 在许多医学诊断任务上更为有效。

2. 病变、器官和异常检测

医学图像中检测对象（如病变、器官和异常）的任务很重要。在许多情况下，病变检测是疾病诊断的关键部分。同样，器官检测也是图像配准、器官分割和病变检测必不可少的预处理步骤。

在医学图像中检测异常，如大脑 MRI 图像中的大脑微出血和视网膜图像中的硬渗出物，在许多应用中也是重要的内容。这些目标的检测是医生们较繁重的工作之一。因此，设计 CAD 系统来完成这项工作是十分重要的[33]。近年来，深度学习模型已被应用于医学图像中的目标检测，包括 CT 图像中的肺结节检测、超声图像中的乳腺肿瘤检测、视网膜眼底图像中的视网膜疾病检测。深度学习模型的应用在保证准确性的前提下，有效地提升了这些疾病的检测效率。

为了在目视检查 CT 图像时定位可能的病变，放射科医生会结合在不同设置（例如亮度和对比度）下收集的图像。为了模仿此过程，有研究提出了特征金字塔网络（FPN），其中，从以变化的亮度和对比度渲染的图像中提取多视

---

① 卷积神经网络（convolutional neural networks，CNN）是一类包含卷积计算且具有深度结构的前馈神经网络（feedforward neural networks），是深度学习（deep learning）的代表算法之一。

图特征，使用位置感知的关注模块来组合多视图信息。此外，放射科医生广泛采用双侧的图像信息辅助筛查诊断。例如，在标准的钼靶筛查中，图像是从两个乳房中采集的，经验丰富的放射科医生通常会比较双侧的钼靶图像以发现肿块。为了结合这种模式，有相关研究提出对比双边网络（CBN），其中双边图像首先粗略地对齐，然后输入一对网络中以提取用于检测的特征。双侧乳房 X 线图像的对比对于发现肿块非常重要，特别是在致密的乳房中，这一项技术的提出对乳腺肿块的检测起到了重要作用。

根据结构的不同，现有的医学图像目标检测模型可以分为三类。在第一类中，原始图像首先根据颜色或纹理等特征裁剪成小块，然后使用 CNN 将裁剪后的小块分类为目标区域或非目标区域，最终将具有相同标签的区域合并以获得目标候选对象。第二类方法通常采用两级检测器，如 FasterR-CNN 和 MaskR-CNN。这些检测器在计算机视觉领域得到了广泛的应用。它们通常包括假设候选对象位置的区域建议网络和细化区域建议的检测网络。这一类的例子包括 CT 图像中的结肠炎检测、X 射线图像中的椎间盘检测和乳腺摄影中的结构畸变检测。第三类方法采用一级对象，如 YOLO、SSD 和 RetinaNet。这些网络跳过区域建议阶段，直接通过考虑对象出现在图像中每个点的概率来运行检测。与两阶段模型相比，该方法中的模型通常更快、更简单。这一类的例子包括超声图像中的乳腺肿瘤检测和乳腺 X 射线片以及 CT 图像中的肺结节检测。上述网络主要用于检测二维图像中的目标。为了在三维图像（如 CT 和 MRI）中检测物体，一种简单的方法是基于单个切片使用传统的 2D CNN，并按顺序处理切片。这种解决方案忽略了三维的上下文信息，因此其性能会降低。或者，一些模型聚合相邻的切片或正交平面以增强互补的空间信息。另外，RNN（recurrent neural network）和 LSTM（long short term memory）被用于在视频的一些检测任务中合并时间信息。最近，3D CNN 被设计并应用于医学图像领域。

3. 病变和器官分割

医学图像分割致力于从背景中识别病变或器官的像素点，通常被认为是病变评估和疾病诊断的前提步骤。与传统的基于边缘检测滤波器和数学方法的分割方法不同，基于深度学习模型的分割方法近年来已成为主流技术，并被广泛应用于脑肿瘤、乳腺肿瘤等病变，以及肝脏、胰腺等器官的分割。用于医学图像分割的深度学习模型一般是基于 CNN、FCN、U-Net 和 GAN，这几类模型具有不同的结构，在病变和器官分割中也有着不同的应用。

由于医学图像分割可以看作是像素级分类问题，因此在疾病诊断中表现良好的 CNN 也可以用于医学图像分割。对于这些基于 CNN 的方法，原始医学图像被裁剪成小块，然后用这些裁剪后的小块训练一个基于 CNN 的分类网络，最后将这些斑块的分类结果组合起来作为最终的分割结果。这一类的例子可以在脑瘤分割中找到[34]。多种基于 CNN 的模型能够对脑部图像中的脑瘤进行有效的分割，其中有的模型能够同时学习全局上下文特征和局部细节特征，在全局范围内校正以及在局部范围内识别肿瘤的精细细节都具有优势，从而能够产生更好的分割效果，对于分割病变和辅助诊断有着重要的作用。

作为经典 CNN 的扩展，全卷积网络（以下简称 FCN）是一种流行的基于像素的分割网络结构。FCN 结合深层的抽象和浅层的精细细节，已经被证明在各种医学图像分割任务中表现良好。此外，FCN 的一些变体也被广泛用于医学图像分割。

第三类用于医学图像分割的网络结构是 U-Net 及其变体。U-Net 建立在 FCN 结构之上，主要由一系列卷积和反卷积层组成，各层之间具有等分辨率的短连接。通过向相应的反卷积层提供高分辨率特征，U-Net 及其变体在许多医学图像分割任务中表现良好。此外，3D U-Net 和 V-Net 也被广泛应用于三维医学图像的分割。

第四类用于医学图像分割的是基于 GAN 的模型[35]。在这些方法中，生成器是基于某种编解码器结构来预测目标掩码的。鉴别器充当形状调节器，帮助生成器获得满意的分割结果。GAN 在医学图像分割中的应用包括大脑分割、心肌和血池分割、脾肿大分割、皮肤分割、视网膜眼底图像血管分割和异常分割、乳腺肿块分割。

3.3.2　利用数据科学可视化研究公共卫生事件

自新冠疫情暴发以来，围绕疫情的各种数据和信息成为公众了解疫情动态的窗口。在全民战疫的关键时刻，国内各大研究机构进行了一系列的疫情可视化研究，运用静态和动态地图、图表、时间轴图像等多种可视化的方式将数据生动化，旨在高效地跟踪、筛查以及预测疫情的发展，提高了公众对疫情的关注度，帮助公众理解疫情的进展，为科学防疫、疫情追踪、辅助施策提供支撑。

专家、学者采用的可视化呈现手段主要有以下几种：一是静态和动态地图，如国家基础地理信息中心基于天地图研发的新冠疫情分布专题地图；二是疫情图表，如北大可视化分析实验室根据各地每日新增确诊病例数量制作了疫情变化晴雨表，用方块的大小和颜色的不同表示各地每日新增确诊的数量以及变化趋势，方便用户浏览和理解；三是时间轴图像，如丁香园按照时间的顺序展现了"钻石公主"号游轮事件的疫情信息，让用户清晰地了解"钻石公主"号游轮疫情的发展过程；四是词云信息图，如 RUC 新闻坊曾利用大数据为在微博上发布信息的求助者画像，从微信、微博等社交网络数据中提取话题传播态势、情感转变，帮助我们从更多角度全面审视疫情的发展状况。这些可视化呈现的手段，使得疫情信息得以高效准确地传达，帮助人们了解疫情的整体态势，提高公众对疫情的关注度，增强个人防护意识。

1. 城市热力图

抗击疫情是一场全民乃至全人类参与的战斗，除了奋斗在一线的医护人员、防控人员，各大高新企业也为防疫贡献着一份科技的力量。疫情的传播有着明显的地域特征，避免人群密集是新冠疫情防控的重要举措。百度作为中国科技公司的代表，利用百度地图开放平台定位服务数据，基于百度地图的 MapVGL 可视化引擎等技术绘制出了城市人口热力图。该图通过蓝色、绿色、黄色、红色等不同的颜色直观呈现不同的人群密集程度，从蓝色到红色代表人群密集程度越来越大。用户可通过热力图查看商区、交通枢纽、医疗机构等地点的人群密集程度，帮助用户制定出行决策，尽量避免人群过度聚集。

2. 城市疫情防控可视化大屏图

在全民战疫阶段，无论是政府部门还是人民群众，最关注的就是新冠疫情的发展情况。百度通过 MapVPro 编辑器配置呈现城市疫情防控可视化大屏，政府部门和人民群众可通过可视化大屏直观地了解疫情发展的趋势，也可通过收集的大数据，发现并预测疫情发展趋势，为城市决策者制定防疫方案提供参考。

百度基于时空大数据以及地理信息展示方面的技术优势，将复杂的疫情数据进行了动态的可视化处理，实现对病例信息、疫情分布等重要指标进行实时的可视化大屏展现，让疫情信息更加直观、易懂，方便城市决策者和监管者整体把握疫情发展趋势，制定科学的防控决策。

3. 迁入迁出流动情况

新冠疫情暴发于 2020 年春节期间，人口的迁徙对于疫情的科学防控有着重要的影响。因此，百度基于地图位置服务大数据打造了迁徙大数据可视化分析平台，并于 2020 年 1 月 22 日上线到百度地图慧眼官网。该平台可查看全国 300 多个地级市的迁徙状况、展示指定城市迁徙趋势图以及迁徙规模指数，及时、完备、清晰地展示了中国春节期间人口迁徙的轨迹和趋势。

百度利用 AI 技术提供每日 300 多个地级城市春运期间的人口迁入迁出趋势、迁徙强度的可视化分析展示，为民众和政府带来更加清晰的人口流动信息，帮助全国各城市的决策者和监管者高效地进行疫情防控和复工复产统筹安排。

4. 周边定点医院分布图

新冠疫情发生以后，财新数据可视化实验室利用各地卫健委公布的定点医院数据，开放了新冠定点医院查询功能。用户进入网站即可通过定位了解附近定点医院的数量以及位置。为有效帮助患者尽快就诊，国务院客户端小程序联合健康中国政务新媒体平台整理了全国各地的发热门诊、医疗救治定点医院名单，开通查询发热门诊、医疗救治定点医院特色应用，患者动动手指即可查询，让患者少走几步路，早一步得到救治。

5. 其他相关研究机构的可视化研究

国家基础地理信息中心基于天地图研发了新冠疫情分布专题地图，利用在线地理信息可视化技术可以直观展现新冠疫情的分布、数量、变化趋势等信息，方便社会公众及时获取最新的新冠疫情在地理空间上的实时动态，支撑和保障防疫工作。专题地图疫情数据全部来源于国家和地方卫生健康委员会官方权威渠道，每日及时更新。

新冠疫情分布专题地图除了通过交互式统计图表提供了全国疫情病例数据信息外，还充分利用天地图地理信息支撑技术，以地图可视化和统计图表的方式配合动态时间轴直观展现了疫情分布及发展变化情况。"病例分布地图"提供了省级和地市级两种地图展示模式，既可以宏观查询全国各省病例数据信息，又可以细化到每一个城市；专题还通过"病例分布热力图"展示了疫情病例分布的密度和变化形势，用户可以查询疫情发生以来每一天的病例数据和空间分布态势。为了方便用户了解和判断身边疫情，合理安排工作与生活，该专题对全国范围的"病例活动场所"进行了精准的定位与展示，每个地点都准确定位到了所在小区或者村庄。

此外，电子科技大学卫星产业技术研究院陆川博士和阎镜予博士组建团队自主研发了全国首款"疫情卫星地图"——新冠疫情卫星地图速查系统。在"疫情卫星地图"中，用户定位后，通过卫星遥感影像可以看到确诊病例的分布位置，并显示出附近的确诊病例分布与自己的距离。该系统能够保证用户查询到的信息是全面的、权威的，同时在后台形成数据采集和反馈机制，为疫情防控提供科学决策起到了巨大作用。

6. 疫情趋势图

一些医学综合网站，其医学论坛聚集了国内的专业人士。在疫情的信息更新发布中发挥了举足轻重的作用。2020 年春运高峰到来，为便于大家及时获取新冠疫情动态，有某微信公众号疫情地图及实时播报上线，通过趋势监测、横向对比、因素拆解等数据分析方法，实时呈现全国各地确诊病例、疑似病例、治愈病例的汇总情况与地域分布。其疫情地图及实时播报的信息来源包括国家卫生健康委员会、中国疾控中心以及全国大部分省份医疗卫生机构的权威发布渠道。"疫情地图"页面会实时呈现全国各地确诊病例、疑似病例、治愈病例的汇总情况与地域分布；实时播报页面将整点更新汇总各地最新通报进展，以及各地应对新冠疫情采取的重要措施及手段。

7. 2020 年春节前后 500 万武汉人的流向图

武汉是外来人口流入城市，武汉市文化和旅游局公布的"2018 年春节统计信息"显示，2018 年武汉在春节期间发送人数为 232.82 万人，春运期间武汉近一半的人口回乡过年，流出人口基数很大。2020 年 1 月 26 日晚，湖北省人民政府新闻办公室就新冠疫情防控工作召开了新闻发布会，时任武汉市市长周先旺表示，因为春节和疫情的影响，"目前有 500 多万人离开武汉，还有 900 万人留在城里"。人员流动是疫情扩散的重要影响因素，研究当时离开武汉的 500 多万人的流向对于疫情的防控有着重要的意义。

DT 财经利用百度迁徙、湖北省卫生健康委员会所公布的数据，对 2020 年 1 月 20 日至 23 日武汉人口流向的热门城市进行了统计，及时掌握了武汉市当时的人口流向。2020 年春运初期，武汉市人口流向最多的就是武汉周边、湖北省内的其他城市，热门流向城市最为靠前的 14 座城市全都来自湖北，它们依次是孝感、黄冈、荆州、咸宁等。在湖北省外的城市中，河南省、湖南省、安徽省、重庆市、江西省等省市有较多武汉流出的人员前往。因此，对以上省市的武汉流出人口进行密切的追踪和监管，有助于抑制全国范围内疫情的扩散速度。

8. 天府健康通区域人口（流动）分析

四川省大数据技术服务中心通过数据科学技术对"四川天府健康通"平台用户数据进行分析，通过技术分析人口结构特征和区域流动态势（如图 3-7、图 3-8 所示），希望从人力资源角度助推产业发展。

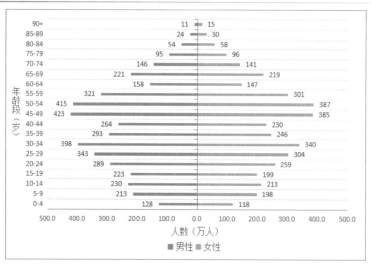

图 3-7　基于"四川天府健康通"数据的人口结构

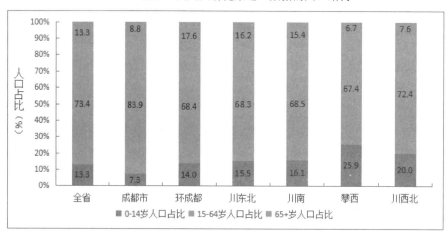

图 3-8　基于"四川天府健康通"数据的区域流动差异分析

　　由图 3-7、图 3-8 可知，从年龄结构看，四川省人口年龄结构呈少年儿童占比较低、老年人口比重大的特点。按联合国标准，65 岁及以上人口占比超过 7%为老龄化社会，超过 14%为深度老龄化社会。所有在川居住人员中 65 岁及以上人口占比达 13.7%，其中川籍人员 65 岁及以上人口占比达 15.2%。尽管略低于第 7 次全国人口普查我省 65 岁及以上人口占比（16.9%），但也同样说明我省老龄化程度已经较为严重。

3.3.3　数据科学助力保障疫情防控和复工复产

在大数据时代，通过各种线上应用和传感设施，产生了海量时空轨迹数据，通过应用数据科学可以从中挖掘潜在价值信息，支撑决策者制定有效制度，实现更为精准的治理体系。

1.　时空轨迹信息分析

2020年2月14日，习近平主持召开中央全面深化改革委员会第二十次会议并发表重要讲话。习近平在讲话中指出，这次抗击新冠疫情，是对我国治理体系和治理能力的一次大考。他强调，要鼓励运用大数据、人工智能、云计算等数字技术，在疫情监测分析、病毒溯源、防控救治、资源调配等方面更好地发挥支撑作用。完善应急机制与充分运用大数据技术密切契合的重要性，成为提升疫情防控治理能力的重要指引。

科学决策是抗疫成功的"大脑中枢"。面对疫情形成的纷乱局势，各级政府快速建立跨部门、跨领域的全流程数据管理系统，利用手机信令数据、铁路航空等交通数据、互联网应用的GPS数据等，开展疫情监测分析、病毒流动溯源、患者和密切接触者追踪以及人员排查分析等，持续提供完整、连续和准确的海量信息，对疫情及走向进行及时研判，制订合理预案，做出科学决策，实施精准防控，提高了抗疫工作效率。特别是在分析疫情传播路径和人口流动轨迹等方面，大数据技术以数据、算法和模型为基础，提供了无可替代的洞察力和预见性。

然而，疫情防控与安全复工之间存在一定程度的矛盾，如何在保证疫情防控成果的同时，让无风险或者低风险地区的员工复工复产，是减少疫情次生灾害、保障社会经济平稳运行的关键所在。实现该目标的关键在于判断哪些人员是安全的，哪些人员有可能接触过确诊/疑似患者从而变得不安全。因此，相同时间、相同地点人员的碰撞数据非常重要。与确诊/疑似患者有过时间地点碰撞的人员需要人工确认是否有患病的风险。面对大规模目标人群，如何在本地医疗资源有限的情况下实现高质量的快速筛查和诊断？

在疫情暴发之前，人与人之间的交集异常多，如果将人员作为节点，人员之间时间地点的交集作为节点之间的边，就形成一个复杂的连通图。由于近距离接触的数据不易获取，而运营商的基站数据以及铁路、公路等运行数据中涉及距离的范围过大，所以难以甄别哪些人员是安全的。

但是，随着疫情防控期间人们流动性的急剧降低，时间地点的交集、碰撞大幅度减少，人与人之间的连通性变得很稀疏。从连通图的角度来看，比较容易发现人员之间的碰撞关系形成了一个个的"孤岛"，即每个孤岛内有限的人员之间形成了碰撞关联。如果一个孤岛中无一人是确诊/疑似患者，称为"安全岛"。该研究目的之一是如何找出这些安全岛，并且验证特定人员是否在一个安全岛中。

当然，由于我国人口众多、数据量庞大，直接识别安全岛要获取的数据过于庞大，在短期内是不太现实的。因此，可以从相反的角度，根据确诊/疑似患者在其住院之前的完整活动轨迹空间来找出"危险岛"。如果一个复工人员处于"危险岛"之中，就可认为需要严格审视该员工自身的安全状况。

在我国疫情防控工作中，时空位置大数据正在发挥积极作用，但在其基础上构建的服务体系仍存在时空轨迹数据不全、精度不高、城市网格管理的精细程度不够、数据共享不足以及公民的知情权与数据隐私权之间存在矛盾的问题。2020年1月1日，我国密码领域的首部法律《密码法》正式实施，患者、医院、医疗企业等可以依法使用商业密码保护网络与信息安全。2020年2月5日，国家卫生健康委员会下发《关于加强信息化支撑新型冠状病毒感染的肺炎疫情防控工作的通知》，其中特别指出"加强网络信息安全工作，以防攻击、防病毒、防篡改、防瘫痪、防泄密为重点，畅通信息收集发布渠道，保障数据规范使用，切实保护个人隐私安全，防范网络安全突发事件，为疫情防控工作提供可靠支撑"。在积极利用大数据支撑疫情联防联控工作中，如何做好数据安全和个人信息保护成为难点，特别是采集内容、脱敏要求、授权机构、安全管理、事后处理、监督审计等细节问题是隐蔽于大数据背后的安全隐患。

为此，在中国工程院应对新冠疫情设立的紧急攻关培植研究项目的支持下，在方滨兴院士的领导组织下，多家单位联合研发"基于时空轨迹信息保障安全复工的疫情防控关键技术及系统"，依据已知的确诊/疑似患者及其活动轨迹，构建相应的"危险岛"。

为授权管理人员提供核查指定人员是否与"危险岛"中节点有时空交集、所属的程度（置信度）有多大提供查询手段，从而为判断被查询者是否复工复产提供判定条件，并为疑似感染人员提供 CT 影像辅助快速筛查和诊断。该系统可提供用于安全性研判的分布式在线查询功能，为精准落实疫情防控和复工复产"两手抓、两不误"奠定信息技术支撑基础。该系统还可以应用于公共场所人员疫情安全系数的测评，例如商店、饭店、会场等。

2. "一码两系统"①

2020 年 2 月 11 日，杭州在全国率先推出健康码，用"红黄绿"三色二维码作为数字化健康证明，助力疫情防控。之后全国各个城市也逐渐推出"健康码"方便人们复工和出行。有了健康码，居民不再需要重复填报健康表格，高速路口和小区卡口工作人员也实现了"无接触式"查验，降低了感染风险。电子健康码融合了大数据等先进技术，建立在大数据和用户自觉基础之上，它的作用是对一个人迁移轨迹的追踪，而不是用来识别疾病。

健康码的存在对寻找确诊患者活动路线上的所有接触者和密切接触者至关重要，可以帮助切断病毒的传播途径，这需要在所有场景中对所有人强制使用健康码来验明身份。在使用健康码追踪确诊患者的密切接触者时，可以借鉴名为 Trace Together 的手机应用，这是疫情防控期间新加坡政府推出的一款"抗疫神器"。它的工作原理是在安装此应用的两个手机之间交换短距离蓝牙信号，以便记录用户之间的近距离接触时长，并将手机的信息加密存储在用户手机上。如果有人被确认感染新冠病毒，政府可要求该用户上传数据，以达到追踪与患者有密切接触的人员。

2021 年 1 月 11 日，根据国务院联防联控机制关于"原则上各省（区市）仅保留一个统筹建设的健康码"的要求，为适应常态化精准防控和局部应急处置相结合的需要，四川省上线了全省统一的健康码（如图 3-9 所示）：四川天府健康通[36]。"四川天府健康通"是四川新冠疫情防控中显示个人健康状况的二维码电子凭证，是疫情防控查验依据，各地各部门不再自行设置运营其他地区健康码，全省统一实行一人一码。

同时，2021 年 1 月 28 日，为助力疫情防控，提高全省核酸检测效率，四川省核酸检测信息系统[37]与四川省免疫规划信息管理系统正式上线，至此"一码两系统"已形成了有效的闭环，大数据能及时准确地对红黄绿码进行转换。在核酸检测方面，通过"四川天府健康通"可以实现"码上扫、码上看、码上验"，即群众可直接通过"四川天府健康通"进行核酸检测机构查询、实时查询核酸检测结果以及实时赋码，一系列流程无纸化登记，同时兼顾老年人、儿童等特殊群体，提供手工录入等备份方案。在疫苗预约方面，群众可直接通过"四川天府健康通"进行疫苗预约（包括家庭成员预约）、预约记录查看、接种

———————————

① "一码两系统"具体包括：四川天府健康通（四川全省统一的健康码）、四川省核酸检测信息系统与四川省免疫规划信息管理系统。

信息查看及接种机构查看，在信息采集核验时只需出示健康码，现场医护人员即可在一分钟内完成个人信息登记核验，疫苗接种完成之后接种人可在天府健康通上直接查看电子接种凭证，消除了纸质凭据易丢失、易造假的缺点。

（a）　　　　　　　　　　　（b）

图 3-9　四川天府健康通

"一码两系统"采用数据可视化手段，提供"核酸检测大屏、疫苗接种大屏、天府健康通可视化大屏"实时的、可观测的数据分析体验，为政策决策者提供精准的数据支撑。

"四川天府健康通"结合疫情防控需要，率先在健康码中推出场所码，场所码是"四川天府健康通"平台中的一个特色应用（如图 3-10 所示），是对重点场所进行疫情防控管理的重要手段。重点场所经营管理人员可向平台申请场所码，将生成的场所码保存下来后打印，张贴在卡口位置，供群众扫码核验。

图 3-10　四川天府健康通场所码

场所码实际上是为重点场所赋予（生成）的一个专有二维码，标识了该场所位置、名称等基本信息。在常态防控时，场所码可以帮助场所的管理者对场所出入人员进行登记，核验掌握场所出入人员的健康码状态信息，方便场所管理。同时，场所码可辅助部门和行业主管，根据分区域分类统计情况，合理制定或调整场所的管理措施，指导场所开展疫情防控工作。在局部应急状态下，可以通过确诊者、密接者的扫描场所码记录，匹配其他扫描过该场所码的人，进行时空关联，及时辅助开展精准追溯排查。

目前，我国对新冠疫情的防控、医治进入了新的阶段，三年疫情防控的数据化治理为我们提供了面对大规模疫情的有效经验。

3.4　数据科学在城市治理中的应用成效

随着新型城镇化不断推进，面对现代社会经济高度组织化和社会高度分散带来的人口分布集聚性、文化结构异质性、生产要素流动性、社会管理风险性提升，合理精确利用数据科学对城市治理不同领域、不同场景进行差别化赋能，可以提升城市服务管理能力、共建共治能力、风险防控能力，支撑新型城镇化高质量发展。

3.4.1　数据科学提升城市服务现代化管理能力

聚焦农业转移人口全面融入城市和"城市病"防治等城镇化主要矛盾，依托数字化、信息化手段提升城市政府提供服务的速度、准度及财务可行度。

一是依托大数据提升城市服务供需匹配度。基于手机出行信令大数据、移动支付大数据等资源，提升对城市住房保障、教育学位、医疗养老等基本公共服务和游憩空间、水电气网、污水垃圾处理等设施需求变化的预判能力，及时调整公共服务供给，提升农业转移人口在城镇稳定居住的能力，降低结构性资源错配，为推动农业转移人口全面融入城市提供硬件支撑。

二是产生现代化人口管理制度。深化户籍制度改革，针对户改在三类城市中的问题，推进区域差别化和城市类型差别化的市民化政策。试点扩大身份证信息容量，逐步纳入个人基本生物特征、居住、就业、教育、社保、税务、信用、计生、不动产、电子货币、家庭情况、违法犯罪等信息，丰富身份证单证应用场景。加强人口管理信息化，鼓励有条件的地区率先推进户口、居民身份证办理"无纸化""免填单"。深化警务公开，广泛推行"容缺受理""告知承诺"等便民利民措施。

三是城市服务办理便捷化。各地方因地制宜地将政务服务接入微信、支付宝、百度等第三方渠道开发的各类便民应用和小程序，推动居民落户、住房保障、义务教育、医疗保险、养老服务、职业技能发展等基本公共服务和交通、出入境、法律服务、税费申报、涉外人士办事等便利服务实现网上办理，实现从"最多跑一次"到"一次不用跑"服务模式转变。让数据流动起来，发挥数据资源价值。

四是构筑15分钟便民生活圈。依托城市数字化框架，优化城市基本公共服务和市政服务空间布局，在城市社区15分钟步行可达范围内，配备社区体育活动、文化、菜市场、理发店、超市、便利店等生活所需的基本服务功能与公共活动空间。在此基础上，以"六有"（一个综合服务站、一个幼儿园、一个公交站点、一片公共活动场地、一套完善的市政设施、一套便捷的慢行系统）、"五达标"（外观整治达标、公园绿地达标、道路建设达标、市政管理达标、环境卫生达标）、"三完善"（组织队伍完善、社区服务完善、共建机制完善）、"一公约"（形成社区居民公约）为标准构建软硬兼备的完整社区。

3.4.2　数据科学使城市治理重心向基层下沉

强化社区网格化规划、分工、服务、管理能力，发挥移动互联技术在纵向信息传递上的独特优势，在城市规划、城市交通治理中不断提升居民和城市管理者"共商、共建、共享"的能力，由点及面健全城市治理体系。

一是赋权基层网格。突出基层基础导向，从基层最小单元、最小细胞抓起，推动城市治理重心下沉、力量下沉和资源下沉。划分综合网格、制定工作清单，探索将专职网格员纳入社区工作者管理。持续推进社区协商制度化、规范化、程序化。动态总结、优化、推广新冠疫情防控经验，在日常管理中细化网格社区员权责，赋予其日常管理事务"吹哨人"和"召集人"的权利和"督察人"的权力，提升基层治理的精细化、专业化水平。

二是多措并举提升社区能力与活力。强化社区工作者队伍建设，建立社区工作者职业发展体系，建立健全与岗位特点、工作年限、教育程度、专业水平相匹配的社区工作者岗位等级序列、薪酬体系和正常增长机制。创新社区服务招引和经营模式，以信息化手段推动养老、助残、医疗、共享停车等服务在社区集成，依托"微信群"等工具建立楼宇自治互动虚拟社区，促进社会和谐。探索社区基金、社区企业、社区经济等模式，提升社区造血能力。

三是拓宽群众路线社区新场景。积极利用移动互联网技术支撑实施城市社区"群众路线"，从微观层面发动群众及时发现社区日常问题，由下至上协助城市管理者维护城市秩序和安全。认真总结近年来北京、广东、浙江、山东、福建、河南等地公安交管部门依托微信、手机 App、智能车载记录仪、支付宝等开展的"随手拍"交通违法举报工作在鼓励群众参与交通安全管理、实现文明交通共建共治共享等方面的良好经验，举一反三地拓展社区应用场景，实现群众一键发送、系统一键接收、问题一次解决的社会共治良性循环。

四是以社区"三中心"融入城市"三类人"。适应农业转移人口、老年人口、外籍人口多元化需求，以党群服务中心作为重要平台，构建各项制度以满足非户籍和境外人士参与社区公共事务的需求；成立社区邻里中心，接入本地信息集成平台，依托大数据为农民工提供都市圈范围内的求职信息，为老年人口提供都市圈内游憩和医养结合服务信息，为外籍人口提供中外文化交流服务；成立非户籍人口服务中心，接入本地"一网通办"系统，为非户籍常住人口、暂住人口、旅游商务人群提供居留手续、驾驶证办理等政务服务。

3.4.3　数据科学提升城市风险防控能力

依托地理信息系统等信息化平台和云计算等技术，完善重大风险监测、研判、预警、决策、防控协同机制，规划建立各类灾害应急预案和可替代预案，以城市"全周期管理"为理念推动城市经济社会风险防控能力现代化。

一是增强城市关键基础设施网络韧性。完善交通物流、市政能源、信息通信等生命线工程及备用设施，建设分布式能源资源系统，配备移动公共设施模块，提高各系统的冗余度和灵活性。组织针对强对流天气、人为袭击等多种突发情景的关键基础设施人员疏散和恢复演练，提升城市风险管控能力和城市安全应急能力。

二是提高城市防洪排涝和公共卫生防控能力。改造提升城市河道、地方、水库，抵御重大洪涝灾害风险。优化城市地铁、地下停车场、隧道等人流密集场所的防洪设计和遇灾疏散流程。鼓励建设兼具自然积存渗透和休闲游憩功能的城市雨水公园，推广海绵型道路、广场、建筑、小区，高品质构建海绵城市。完善公立医院传染病救治设施，提升风险地区和个人健康信息系统的时空甄别精细度，最大限度减少突发公共卫生事件对经济社会运行产生的次生社会风险。

三是推动智慧技术与城市规划管理高水平融合。推动物联网、云计算、移动互联网、大数据、空间信息技术和人工智能等新一代信息技术与城市、都市圈、城市群规划相衔接。通过地下管线等城市基础设施与各类传感器等公共物联网融合，提升市政设施风险管控能力。强健"城市大脑"，通过机器学习不断迭代"城市大脑"的人工智能水平，重视规范城市采购"城市大脑"和新一代政务服务系统行为，更好支撑都市圈和城市群一体化建设，防止因不同建设主体标准和制式不同，在不同城市和不同部门间形成新的信息壁垒。

四是提升城市债务治理能力。远近结合妥善化解债务风险，短期应着眼于风险防控化解存量债务风险；中长期应重新划分地方和中央政府事权，由中央接管地方政府不负债就无法承担的事权。合理提升县级政府的融资能力，创新担保方式，适当放宽抵押物范围，深化财税体制改革，赋予地方政府一定的融资权，加快推进全国范围内的土地跨省交易。提升县级政府财政造血能力，探索对税基不易转移的自然资源开采征税，扩大"消费类"税收基础，弥补欠发达县域"生产"不足短板，推行差异化增值税税收比例。提升县级债务风险防控能力，借鉴澳大利亚和法国等国的经验，成立专门统筹地方政府债务的管理机构，建立地方债务风险标准和预警机制。

3.5　结　语

近年来，全球范围的大数据热潮激发科研人员研究数据科学问题。数据科学快速发展和应用，在众多行业快速渗透，已经成为重要的生长因素。随着全球数据中心、云计算、超级计算机等关键基础设施规模不断扩大，处理海量数据的算力不断提升，数据科学稳固发展。在算法方面，机器学习、深度学习、人工智能、大规模数据可视化、数字孪生等各类数据科学技术也快速发展并展开实际应用，算法精度屡次突破纪录，模型规模越来越大。在大数据时代，数据科学被越来越广泛地展开应用。在城市治理方面，数据科学使城市服务管理能力现代化，城市治理重心不断向基层下沉，城市风险防控能力得以提高。

本章参考文献

[1] 中国信息通信研究院. 数据中心白皮书（2022 年）[R/OL].（2022-04-22）[2022-07-15]. http://www.caict.ac.cn/kxyj/qwfb/bps/202204/t20220422_400391.htm.

[2] 中国信息通信研究院. 云计算白皮书（2021 年）[R/OL].（2021-07-27）[2022-07-15]. http://www.caict.ac.cn/kxyj/qwfb/bps/202107/t20210727_381205.htm.

[3] 程学旗. 数据科学与计算智能[J]. 软件和集成电路，2021（5）：28-29.

[4] 中国信息通信研究院. 人工智能白皮书（2022 年）[R/OL].（2022-04-12）[2022-07-15]. http://www.caict.ac.cn/kxyj/qwfb/bps/202204/t20220412_399752.htm.

[5] LITTMAN M L, AJUNWA I, et al. Gathering Strength, Gathering Storms: The One Hundred Year Study on Artificial Intelligence(AI100) 2021 Study Panel Report[R]. Stanford, CA: Stanford University, 2021.

[6] JIA Y Q, SHELHAMER E, DONAHUE J, et al. Caffe: Convolutional architecture for fast feature embedding[J]. IEICE transactions on fundamentals of electronics, communications and computer sciences, 2014: 675-678.

[7] ABADI M, BARHAM P, CHEN J, et al. TensorFlow: A system for large-scale machine learning[C]// USENIX Association. the proceeding of the 12th USENIX symposium on operating systems design and implementation (OSDI'16). Savannah GA: USENIX Association, 2016: 265.

[8] MA Y J, YU D H, WU T, et al. PaddlePaddle: An open-source deep learning

platform from industrial practice[J]. Frontiers of Data and Computing, 2019, 1(1): 105-115.

[9] KREUZBERGER D, KÜHL N, HIRSCHL S. Machine learning operations (MLOps): overview, definition, and architecture[DB/OL]. (2022-05-14) [2022-07-15]. https://arxiv.org/abs/2205.02302.

[10] HAN X, ZHANG Z Y, DING N, et al. Pre-trained models: Past, present and future[DB/OL]. (2021-04-11)[2022-07-15]. https://doi.org/10.48550/arXiv.2106.07139.

[11] TAMKIN A, BRUNDAGE M, CLARK J, et al. Understanding the capabilities, limitations, and societal impact of large language models[DB/OL]. (2021-01-04)[2022-07-15]. https://doi.org/10.48550/arXiv.2102.02503.

[12] LIU H M, WANG R P, SHAN S G, et al. What is Tabby? Interpretable model decisions by learning attribute-based classification criteria[J]. IEEE transactions on pattern analysis and machine intelligence, 2021, 43(5): 1791-1807.

[13] 张钹，朱军，苏航. 迈向第三代人工智能[J]. 中国科学：信息科学，2020，50（9）：1281-1302.

[14] 中国信息通信研究院. 先进计算发展研究报告（2018 年）[R/OL].（2018-12-18）[2022-07-15]. http://www.caict.ac.cn/kxyj/qwfb/bps/201812/t20181218_190860.htm.

[15] BROWN T B, MANN B, RYDER N, et al. Language models are few-shot learners[DB/OL]. (2020-07-22)[2022-07-15]. https://doi.org/10.48550/arXiv.2005.14165.

[16] FEDUS W, ZOPH B, SHAZEER N. Switch transformers: scaling to trillion parameter models with simple and efficient sparsity[DB/OL]. (2022-06-16) [2022-07-15]. https://doi.org/10.48550/arXiv.2101.03961.

[17] RAMESH A, PAVLOV M, GOH G, et al. Zero-shot text-to-image generation[DB/OL].(2021-02-26)[2022-07-15]. https://doi.org/10.48550/arXiv. 2102.12092.

[18] ALVI A, KHARYA P. Using deepspeed and megatron to train megatron-turing NLG 530B, the world's largest and most powerful generative language model[EB/OL].(2021-11-11)[2022-07-15]. https://www.microsoft.com/en-us/research/blog/using-deepspeed-and-megatron-to-train-megatron-turing-nlg-530b-the-worlds-largest-and-most-powerful-generative-language-model/.

[19] 技术火炬手. HDC. Cloud 2021 | 华为云发布全球最大预训练模型，开启 工 业 化 AI 开 发 新 模 式 [EB/OL].(2021-04-25)[2022-07-15]. https://bbs. huaweicloud.com/blogs/262418.

[20] 机器之心. 从"大炼模型"到"炼大模型"：1.75 万亿参数，全球最大预训练模型"悟道 2.0"问世[EB/OL].（2021-06-01）[2022-07-15]. https://www. aminer.cn/research_report/60b628f030e4d5752f50def3

[21] 中国科学院自动化研究生. 千亿级三模态大模型"紫东太初"首次实现语音生成视频等功能[EB/OL].（2021-09-27）[2022-07-15]. http://ia.cas.cn/ xwzx/kydt/202109/t20210927_6215538.html

[22] LIN J Y, MEN R, YANG A, et al. M6: A chinese multimodal pretrainer [DB/OL]. (2021-05-29)[2022-07-15]. https://doi.org/10.48550/arXiv. 2103.00823.

[23] SUN Y, WANG S H, LI Y K, et al. Ernie: Enhanced representation through knowledge integration[EB/OL].(2019-04-19)[2022-07-15]. https://doi.org/ 10.48550/ arXiv.1904.09223.

[24] HOWARD A G, ZHU M L, CHEN B, et al. Mobilenets: Efficient convolutional neural networks for mobile vision applications[EB/OL]. (2017-04-17)[2022-07-15]. https://doi.org/10.48550/arXiv.1704.04861.

[25] ZHANG X Y, ZHOU X, Lin M, et al. Shufflenet: An extremely efficient convolutional neural network for mobile devices[C]// IEEE. 2018 IEEE/CVF Conference on Computer Vision and Pattern Recognition. Salt Lake City: IEEE, 2018: 6848-6856.

[26] JUMPER J, EVANS R, PRITZEL A. et al. Highly accurate protein structure prediction with AlphaFold[J]. Nature, 2021, 596: 583-589.

[27] 科学新闻. 机器学习模拟上亿原子：中美团队获 2020 高性能计算应用领域最高奖项戈登贝尔奖[J/OL]. 科学新闻（电子版），2021，2（2020-12-31） [2022-07-15]. https://www.sciencenet.cn/skhtmlnews/2021/3/4443.html.

[28] HERNANDEZ D, BROWN T B. Measuring the algorithmic efficiency of neural networks[EB/OL].(2020-05-08)[2022-07-15]. https://doi.org/10.48550/ arXiv. 2005. 04305.

[29] 中国移动通信有限公司研究院，中移物联网有限公司，深圳华龙讯达信息技术股份有限公司，等. 数字孪生技术应用白皮书（2021）[R/OL].（发布日期）[2022-07-15]. 2021. https://view.inews.qq.com/a/20220106A03FUQ00.

[30] 班晓娟，罗涛，张勤. 智慧医疗助力抗击疫情[M]. 北京：中国科学技

术出版社，2021.

[31] HIRAI T, KOROGI Y, ARIMURA H, et al. Intracranial aneurysms at mr angiography: effect of computer-aided diagnosis on radiologists'detection performance[J]. Radiology, 2005, 237(2): 605-610.

[32] MANSOUR R F. Deep-learning-based automatic computer-aided diagnosis system for diabetic retinopathy[J]. Biomedical engineering letters, 2018, 8(1): 41-57.

[33] DRUKKER K, GIGER M L, HORSCH K, et al. Mendelson, Computerized lesion detection on breast ultrasound[J]. Medical physics, 2002, 29(7): 1438-1446.

[34] HAVAEI M, DAVY A, WARDE-FARLEY D, et al. Brain tumor segmentation with deep neural networks[J]. Medical image analysis, 2017, 35: 18-31.

[35] GMBH S H. Automatic liver segmentation using adversarial image-to-image network: US201815877805[P]. 2018-01-23.

[36] 四川省人民政府办公厅. 四川省应对新型冠状病毒肺炎疫情应急指挥部公告[EB/OL]. （2021-01-12）[2022-07-15]. https://www.sc.gov.cn/10462/zfwjts/2021/1/12/6b16e341767d4db089857a19979040ff.shtml

[37] 四川省大数据中心. 四川省核酸检测信息系统上线 [EB/OL]. （2021-02-08）[2022-07-15]. https://www.scdsjzx.cn/scdsjzx/xinwenredian/2021/2/8/d5cfecd28b214a36af18a5f512a11926.shtml

第❹章
数据科学在城市治理中的困境

近年来，随着云计算、大数据和人工智能等信息技术的快速发展，我国迎来新一轮的科技革命和产业革命，数字经济时代到来，数据在全球经济增长中扮演的角色愈发重要。但是，数字经济的出现时间并不算长，数字经济的发展仍然长路漫漫，对于这样一个正处于蓬勃发展中的新兴事物，人们对它的认识依然存在盲区，相关的政策和监管措施也亟待完善。

——中国人民大学经济研究所所长毛振华

伴随着数据科学的逐步兴起，城市治理模式愈发多元化，城市的发展也持续迈上新的台阶。城市犹如一个生命体，数据是衡量这一生命体健康情况等的重要标尺。实现城市治理各种目标，必须以充分掌握城市各种信息为前提。而大数据驱动的城市治理是从城市各方面信息数据中提取民意，发现城市治理中的普遍性和趋势性问题，进而有利于城市治理部门进行科学决策，最终提升城市治理的科学化水平。新时代的城市发展问题日益凸显，数据科学面临数据孤岛、数据安全等重重挑战，归根于城市的复杂性特征，把握城市的发展问题及其原因，是城市向好发展的必要途径。

4.1 数据科学与城市治理的关联

数据科学重要的技能之一就是将现实生活中的问题抽象为标准的数据科学任务。大多数数据科学项目可以归类为聚类、异常值检测、关联规则挖掘、预测（包括分类和回归等子问题）。这些项目的成功与否都需要通过数据来定义项目需求，清楚地了解所需的数据有助于引导项目的顺利实现。数据也是解读一个城市的重要工具。那么如果想要做好城市治理这件事情，就需要深刻认识城市，认识数据科学，认识城市治理与数据科学之间的关系。通过这一层层关系的剖析，明确数据科学在城市治理中的定位，基于定位，找出数据科学在应用与发展中的困难之处，再结合当下城市发展的方方面面，进一步厘清困难之处的原因所在。

4.1.1 城市视角下的数据科学

通常情况下，我们通过一组组数据认识城市，了解城市的运作，即数据是城市生命体征最好的体现。数据如果有异样，在很大程度上代表了城市出现了问题，需要系统支撑城市恢复且保持良好的状态。在整个过程中，我们需要认识城市与数据、数据科学与城市治理的关系。

1. 城市与数据

（1）城市是一个复杂巨系统[1]

德国著名哲学家、文学家奥斯瓦尔德·斯宾格勒（Oswald Spengler）曾言："人类所有伟大的文化，都是由城市产生的。第二代优秀的人类，是擅长建造城市的动物。世界史就是人类的城市时代史。国家、政府、政治、宗教等，无一不是从人类生存的这一基本形式——城市中发展起来并附着其上的。"城市在发展的过程中，作为一整套复杂系统，其构成要素是全面、多样性的，城市的兴衰就取决于多样性。

从世界上最早的城市诞生开始，人类历史也经历了原始社会、农耕时代、工业革命时代，到现在的信息化时代，城市的特征也在不断丰富和延伸。在信息化时代，科技的发展赋予了城市新的特征，运用数据反映城市问题，辅助城市良好地运行和发展，离不开对其新兴特征进行剖析。

城市由人创造，以人为本。城市是人类改造自然的产物，是由相当多的、不同性质的人口集团组成，以非农业活动为主体，人口、经济、政治、文化高度聚集的社会物质系统。城市是一个复杂的自适应系统，城市这一系统由很多基本单元组成，这些基本单元称为"主体"。城市系统的主体是多尺度、多层次的，小到市民、家庭、企业、社会机构，大到城市建筑、社区、城市政府、城市整体甚至一片区域。

较早认识到城市复杂性的是美国著名学者简·雅各布斯（Jane Jacobs）。她在著作《美国城市的死与生》中将城市定义为有序的复杂系统，并写道："当我们面对城市时，我们面对的是一种生命，一种最为复杂、最为旺盛的生命。"[2]其中就隐含了城市的复杂适应性。主体的主动适应性造就了城市系统的复杂性。人是城市复杂性的决定性因素，因为人是最大的、最为活跃的、最为复杂的随机因素，是整个城市系统和各个子系统之间共同的、无时不在的随机层。人类的各种活动使得城市在时间和空间之间建立了各种联系。在信息化时代，人类整体之间的关联性增强，主动适应性能力在技术的帮助下得到提升，因此城市这一系统的复杂程度也在不断加深。

（2）数据是指"数字化的信息"[3]

数据可以作为生产资料直接参与生产过程，产生数据产品；也可以作为生产工具指导、协调生产的进行，使生产过程不断精细化，节约生产成本，优化生产工艺，提高产品质量，保障生产安全，从而促进生产力水平的提升。在信息化时代，数据首先是一种特殊符号，这种符号能够输入计算机并为其系统程序所识别、处理。经过一定识别、处理程序的数据才能直观地告诉我们信息，为我们了解和解决问题提供依据。数据不仅包括具有一定结构的结构化数据和半结构化数据，如符号、表格、简历、档案等，还包括大量没有统一结构的非结构化数据，如文本、图片、视频、音频等。数据是信息的表现形式和载体，信息需要经过一定的转化才能够形成数据。

知识是数据或信息进一步加工的产物。知识是由人脑对信息、经验以及既有知识加以整合、提炼而成的。没有人脑对信息的处理就不会产生经验，更不会生成知识，因此信息是知识的源泉。在数字经济时代，知识的创造过程开始伴有计算机和数据的参与，这使得人脑的能力边界不断拓展，提高了人类运用知识进行创造的能力。知识的直接原料既包括信息，也包括数据。作为一种观念，知识的表达与传播也需要一定载体，这种载体既可以是文字，也可以是数据。因此以数据形式存在的知识就是数字化的知识，此时数据就成为知识这种特殊信息的存在方式。在信息化时代，以数字形式存在的信息与知识就是数据，由于知识在本质上也属于信息范畴，因此可以广义上将数据的概念概括为"数字化的信息"。

数据是信息的载体，其承载的信息既是对社会、经济现象的客观描述，又是促进社会、经济发展的重要依据。经识别、处理后的数据承载着我们所需要的信息和知识，并且通过一定的处理方式的数据反映着我们现实生活中遇到的问题，并为我们解决问题提供方向和指引。立足于大数据，通过对数据世界的研究以解决现实世界的问题，便是数据科学的主要研究责任和目的。

从城市与数据的依附关系来看，城市是数据的主要来源载体，数据赋能激活城市活力。具体来说，城市复杂的运作机制创造了数据，也正是这种运作机制，使数据自带规模性、价值性、流动性；一旦城市运作陷入停滞状态，数据也将不具意义。同时，我们对数据体系的认识、思考与应用，为数据资产赋值；用数据治理的方式，提高数据的流动性，为数据赋能；运用工具与方法，发挥数据价值，实现数据的高价值应用。城市和数据二者相辅相成，相互促进。数据作为工具能促进城市良好地运行和发展，而城市也会为数据科学的发展、数据库的完善、数据技术的进步提供动力。

2. 数据科学与城市治理的关系

（1）数据科学是城市治理的好帮手

城市治理的主要内容是什么？我们可以从两个方面解答：一是从宏观的角度来看，城市治理是指一种城市地域空间治理的概念，为了谋求城市经济、社会、生态等方面的可持续发展，对城市中的资本、土地、劳动力、技术、信息、知识等生产要素进行整合，从而实现整体地域的协调发展；二是从微观的角度来看，城市治理是指在城市范围内由政府、私营部门、非营利组织三种主要的组织形态组成的相互依赖的多主体治理网络，在平等的基础上按照参与、沟通、协商、合作的治理机制，在解决城市公共问题、提供城市公共服务、增进城市公共利益的过程中相互合作，进行利益整合的过程。[4]宏观上的城市治理主要涉及城市定位、城市规划、城市可持续发展等问题，主要是处理城市发展的各种要素；微观上的城市治理主要涉及治理主体的组织形式、利益冲突、利益整合，着眼于城市公共服务的提供。本章所讲的城市治理主要是从微观的角度去分析城市运行遇到的问题和解决方法。

数据科学是一门以数据为研究对象，并以数据统计、机器学习、数据可视化等为理论基础，主要进行数据计算、数据加工、数据管理、数据产品开发等活动的科学技术。数据科学集成了多个领域的不同元素，包括信号处理、数学、概率模型技术和理论、机器学习、计算机编程、统计学、数据工程、模式识别和学习、可视化、不确定性建模、数据仓库，以及从数据中寻找规律和产品的高性能计算等。在大变革时代，城市治理生态愈发复杂和多变，城市的复杂性和发展的不确定性给城市治理带来了一系列风险。为了降低治理生态的不确定性，就需要借助各种新技术和新工具，利用数据科学协助和指导城市治理是应对不确定性、开展科学的城市治理的最佳选择。

正确应对复杂性和不确定性，开展科学的城市治理的前提在于要准确地把握城市运行的特点和规律，并深刻洞察城市治理问题的成因。数据科学的大数据分析与挖掘技术则有利于解决这些问题，并为城市治理提供强大的决策支持能力。面向城市治理的大数据分析与挖掘，主要通过综合利用机器进行学习、统计分析、可视数据分析、时空轨迹分析、社交网络分析、智能图像与视频分析、情感与舆情分析等技术手段，对不同源头、不同结构和相互融合的海量的城市数据进行过滤、提取、汇聚、挖掘和展现，并通过参考过去的历史数据和不同领域的知识，考虑事件间的相关性和因果关系，对事件发生的成因和发展规律进行分析和推理，最终给出决策支持信息。而这些决策支持信息在应对不确定性、预测、处置和化解风险，维护经济稳定、社会秩序和促进城市发展等方面起着重要作用。

此外，数据科学在城市治理中更加注重人的需求。城市在人们享受物质文明的同时，也给人们带来了"城市病"等困扰，如交通拥堵、环境污染、人口密度的增加也增加了传染性疾病暴发的概率和可能性，对城市的不当和过度开发提高了地面沉降、地裂缝等地质灾害发生的概率等。数据科学为解决这些问题，满足人们对美好生活的需求，促进城市的可持续发展提供了新手段，如建设智能交通系统，缓解交通拥堵；建设城市环境自动监测系统、地质灾害预警系统等，提高城市的宜居水平。因此，数据科学作为城市治理的好帮手，在维持城市良好运行、解决城市治理遇到的问题、恢复良好的城市运行状态、满足城市最重要的主体——"人"的需求中起到重要作用。

（2）数据科学的发展使得城市研究更加精准和细化

作为城市治理的好帮手，数据科学的发展进程也伴随着对城市研究的精准和细化，从而使得城市治理的能力不断提升。数据科学具有技术和管理的双重属性。

数据科学的技术属性主要体现在数据收集、数据存取、基础架构、数据处理、统计分析、数据挖掘、模型预测、结果呈现上。计算机编程语言 Python 或 R 工具包的大量出现，简化和方便了人们的数据科学工作。大数据软件系统原型框架 Hadoop 生态系统的形成推动了云计算技术在应用实践领域的普及，进而成为数据科学实践应用的重要手段。2022 年，以 Python 和 R 为代表的开源工具已成为数据科学实践尤其是入门级数据科学实践的主流技术，Hadoop 生态系统成为数据科学的一个主流平台和技术体系。2011 年，NewSQL 关系型数据库管理技术的提出为数据科学，尤其是海量非结构化数据的实时处理，提供了新的解决方案。

动力学模型元胞自动机（cellular automata，CA）在计算机领域中被认为是并行计算机而用于并行计算的研究。在社会学中，CA 可以用来精确地研究经济危机的形成与爆发过程、流行病发生的机理、城市问题及其解决路径；在环境科学中，CA 还可以用来模拟例如海上石油泄漏后的油污扩散、工厂"三废"的排放影响范围等环境问题；另外，CA 作为一种动态建模的方法，可以对城市研究的总过程进行预测性建模等。CA 在这些领域的应用，能够提高我们对城市研究的精准度。此外，数据科学中的一些数据技术可以对城市运行状态进行感知，处理事件、共享数据、评估效果，对城市运行的各类细节实现自动感应、自动推动、及时处置、实时评价，从而维持城市良好运行。

城市治理不能单兵突进，城市治理需要数据科学强有力的支持，而这也需要数据科学随着时代变化不断地进步和发展。所以要加强数据科学对城市治理的研究，把握数据科学在城市治理中的作用机制、方向与路径。只有这样，才能满足城市治理的最终目标，实现以人民为中心的治理能力的现代化转型。

（3）数据科学是国家政策和社会治理的新焦点

随着信息技术的发展，数据的数量和种类日渐复杂繁多，如何从大数据中获取洞察力和价值成为政府治理、公共服务、社会治理和经济发展的关注内容。

在 2010—2014 年这一大数据快速发展的时期，大数据就已经成为发达国家公共政策和社会治理的新焦点。

2012 年，美国施行"大数据研发计划"，计划投资两亿美元以提高政府从大量、复杂的数据集中提取知识和见解的能力。

2013 年，澳大利亚出台《公共服务大数据战略》，为政府部门更好地利用数据资产和保护个人隐私权提供了参考依据。

2013 年，《法国政府大数据五项支持计划》发布，旨在推动数据科学家教育，优先在交通、医疗卫生等领域建设大数据示范工程，并为大数据应用提供良好的生态环境。

2013 年，英国发布《把握数据机遇：英国数据能力战略》，指出数据能力的内涵并提出具体工作部署，希望英国能在大数据分析领域领先于其他国家。

发达国家在公共政策和社会治理领域重视大数据洞察和价值发现，拓展了数据科学的研究范畴，使得数据本身的治理和基于数据的治理成为数据科学重要的研究内容和实践领域。为了追赶甚至反超发达国家的脚步，立足于大数据，以通过对大数据的研究来解决现实世界的问题为主要研究责任和目的的数据科学，自然而然也成为目前发展中国家公共政策和社会治理的新焦点。

我国作为最大的发展中国家，在缩小与发达国家之间差距，赶超发达国家的道路上任务艰巨。在数据科学成为新发展动力和工具的今天，我国只有通过不断促进社会治理融入全球数字化与智能化浪潮，才能在社会发展高效协调的基础上不断缩小与发达国家的差距，维护我国国际地位与经济安全。

2017 年 12 月 8 日，习近平在中共中央政治局第二次集体学习时强调，要以推行电子政务、建设智慧城市等为抓手，以数据集中和共享为途径，实现跨层级、跨地域、跨系统、跨部门、跨业务的协同管理和服务。"十四五"规划再次强调，加快建设数字经济、数字社会、数字政府，以数字化转型整体驱动生产方式、生活方式和治理方式变革。这一系列战略部署为数字经济新形势下推进国家治理现代化指明了方向，推进运用数字技术优化政府职能、支撑社会治理、赋能国家治理现代化。关于数据科学技术的研究和应用，我国早在 2015 年就提出了相应的政策，当年国务院发布了《促进大数据发展行动纲要》，提出重点开展数据理论和科学研究工作，鼓励与支持在大数据理论创新、研究方法及大数据关键技术应用等方面的探索研究。

4.1.2　数据科学与城市治理互促共进

城市的本质与规律，揭示了城市与其相关事物的必然作用。城市与数据的共生，数据科学在城市治理中的鲜明角色，源于我国城市治理的需求与数据科学自身的突出作用。

1. 我国城市治理的需求

（1）以民众需求为导向，反映民众利益诉求为关键

需求溢出理论认为，公共管理或社会治理的基本逻辑是根据需求正义解决

人的需求溢出问题[5]。在对需求的具体分类上，需求溢出理论根据需求的迫切程度将需求分为人道需求、适度需求、奢侈需求三个层次，公共管理所要解决的需求溢出，通常只局限于个人的人道需求和适度需求的溢出[6]。表 4-1 所列为城市治理的层次结构具体内容。

表 4-1　城市治理的层次结构

层次	民众需求	城市治理需求	城市治理内涵
人道需求	基本生活保障需求	住房需求、医疗需求	社会属性的"人"能够存在的生理需求、基本生存环境需求以及社会秩序需求
	安全需求	人身安全需求、财产安全需求	生命安全保障和财产安全保障
	科学规划需求	合理布局需求、适度人口需求	道路规划、建筑布局、人口分布科学合理
	产业发展需求	工作岗位需求、工作环境需求	产业结构、产业环境以及产业能够提供的工作岗位
	善治需求	治理参与需求、政策知情需求	政府的政策与服务合理且效率，能让公民了解政策并参与治理
	市场体系完善需求	金融稳定需求、物价稳定需求	完善的商品市场和服务市场
适度需求	教育需求	科普需求、技术培训需求	学历教育和城市功能相关的生活常识的更新以及公民所需技能的持续学习
	宜居环境需求	生活舒适需求、良好生态需求	微观上指适宜居住的个人居所和周边设施及环境，宏观上指适宜居住的整个生态环境
	地方认同需求	特色产业需求、地域文化需求	城市存在的可辨识性特点以及城市居民的认同度
	信息化需求	信息时效需求、新兴技术需求	引入智能化工具提高城市运转效率
奢侈需求	隐性收益需求	人情文化需求、额外福利需求	通过非正式渠道使需求得到满足
	奢侈生活需求	高档服务需求、奢侈品需求	远高于一般生活标准的需求并存在一定资源的浪费

以民众需求为导向的城市治理[7]，需要注意以下事项。

第一，政府需要保持人道需求持续满足的状态，且该需求层次的满足不能通过时间积累完成。因此，"输血式"的扶贫模式在第一时间可以适用。同时，该模式的适用范围有一定的"度"，超过了"度"，需求性质就会发生转变，其中部分需求将转变为奢侈需求，并衍生出消极因素。因此，政府对于人道需求的满足过程也是一个博弈过程，纳什均衡①所处的位置则是城市治理中需要界定的重点。

第二，适度需求的满足是城市治理的主要内容。由于适度需求种类繁多以及实现的长期性，政府很难在有限的能力范围内满足所有适度需求。因此，政府在该层次的需求中需要认清自己的定位，同时做出长远的规划，例如通过将治理权限下放、还政于社等方式增强治理能力，使政府更好地实现宏观调控的作用。在政府行动方式中，除善治需求需要"政府居前"外，科学规划需求与信息化需求都能在足够的社会参与下变为"政府居后"。

第三，传统治理方式的局限使城市治理中的政策措施不一定能达到预期效果。例如，在对具有消极影响的奢侈需求的抑制中，以增加税收为代表的传统治理工具反而进一步增加了奢侈品的稀缺性。此外，在地方政府官员晋升"锦标赛"的压力下，以绩效量化考核为主的评价方式也影响了城市治理工具的选择。然而，从历史上看，我国长期受儒家思想熏陶，其提倡的"德治"在今天仍具有一定的现实意义。管理的本质在于创造幸福，城市治理的最终体现也在于居民幸福指数的提高，但幸福只有拥有一个健全的人格才能感知。从中国传统城市治理文化中对人性的重视，到现代化进程中对人性的漠视，这种转变是对城市治理初衷的违背。因此，通过对需求溢出理论中的"心灵治理"等"软治理"措施的使用，使城市治理重拾人性培养的治理之道，这有助于形成良好的社会风气。

（2）城市发展的复杂性，需要城市治理的现代化举措

城市发展进入存量更新时代，城市健康发展的关键，逐渐演变为城市治理方式的现代化程度。改革开放四十多年来，中国经历了全世界规模最大、速度最快的城市化进程。国家统计局公布的数据显示，1978—2018年，我国城镇化水平由17.9%增长到59.6%，年均递增3.1%；城镇人口由17 295万增加到83 137万，增长4.81倍，年均递增4.0%。粗放、外延扩张式发展模式带来一系列问题。

---

① 纳什均衡是博弈论中的一种解的概念，即满足下面性质的策略组合：任何一位玩家在此策略组合下单方面改变自己的策略都不会提高自身的收益。

第一，资源浪费，环境压力增大，城市面临"硬约束"。各级各类开发区和工业园区的土地利用效率低下，一些耕地面积被占用，国家粮食安全受到影响，生态遭到破坏，威胁到国家的生态安全。

第二，"城市病"日益突出。部分城市过度追求发展速度和经济效益，城市建设和发展呈现"摊大饼"式扩张，空间开发无序，而城市品质、管理水平和配套建设较为滞后，这在一定程度上造成"城市病"日益突出，房价高涨、交通拥堵、大气污染、垃圾围城、公共服务供给不足等问题日益显现。

第三，"土地财政"难以为继。地方政府过度依赖土地出让、土地融资推进城市基础设施建设，形成恶性循环，系统性风险加剧，制约了城市的可持续发展。

城市治理随着我国政府治理能力的提升，以民众需求为导向的治理理念已从构想逐渐转变为现实。从治理方式上看，对个人需求的满足，最终形成因人而异的个性化、多样化的治理方式。在治理思想下，城市治理不仅要对城市的持续性发展进行宏观构建，还需要对个体微观存在的问题进行吸纳与反馈。在此过程中，大多数问题通过整合能够转化为长期存在的结构性问题，使其具备足够的治理价值。

2. 数据科学作用的显现

数据科学在理论、技术层面的应用层出不穷，随着城市发展需求、城市活动形式、城市管理方式等不断更新与涌现，现代化数据科学的作用也体现在方方面面。

（1）随城市活动形式的不断涌现，数据科学促使城市发展均衡化

近年来，线上线下融合的消费正在加速崛起。根据艾瑞咨询的调查，2020年有7.10亿网络购物用户，在出行受限的防控阶段这一新的消费习惯快速普及，渗透率达到了 78.6%，为城市的进一步发展提供了经济动力。线上线下融合的公共服务、办公生产、交通、社交服务等形式也不断涌现，也逐渐被大众接受、熟悉。该种消费模式是信息时代网络虚拟活动与实体空间活动结合的新产物，但是又有别于纯粹的、以摆脱时空束缚为主旨的网络虚拟活动。5G 的出现使线上线下交互的涉及范围更广，使用人群更多。这些线上线下活动既能使城市接入更广阔的资源，也能使线上线下资源更加公平地扩展到偏远角落，达到资源的均等化，还能使大量服务需求在线上得以解决，减少对基础设施、公共服务和商业服务设施的依赖。这些都会使区位条件更加扁平化、均衡化，导致城市活动空间分布的变化，进而带来城市空间的改变。线上线下模式认可现实世界

时空的价值并对其加以充分利用，接受一定限度的时空束缚，兼顾了理想和现实，因此发展迅猛。由于它还对现实空间的利用方式进行了改造，并赋予了更多能力，所以必然对城市的功能、结构和形态产生巨大影响[8]。具体来说，线上线下新模式促使城市发展均衡化主要表现在以下方面。

一是拓宽区域的分工协作。传统城市在分工协作中受时空距离双重阻隔，存在严格的区域边界与固定的地理位置，只有靠近中心城区或中心城市才能进行有效的分工协作，并通过实体交通网络完成人流、物流的输送，强化城市与城市之间的联系。而通过线上线下模式，本地的资源和服务可以跨越时空，高效地传递，不断扩大辐射范围和市场规模，也能参与更大区域的分工协作，突破规模和区位的限制。在这一过程中，中小城市和偏远地区将迎来新的机遇，它们既可以通过线上线下享受其他大城市提供的服务，也可以承担一些原本需要大城市才能完成的职能。

二是优化城市空间结构。传统的城市发展需要围绕各类各级城市中心和交通枢纽来布局，依赖上级城市完备的服务体系、上规模的产业集群或便捷的交通优势，但这些区位毕竟有限。而线上线下新模式通过丰富的线上资源和快速物流，可以摆脱对这些传统优势区位的依赖，在更广阔的空间布局城市功能。许多企业和城市功能区的选址会变得更加灵活。在基础设施的支持下，只要能够高效地接入线上空间，以及接入接出和线上对应的线下资源，不管多小、多偏远，都可以正常运作。这使它们可以突破规模效应和集聚效应的瓶颈，选择对它们更有利的区位布局，甚至可以脱离市区，从而避免由于过度集聚造成的"大城市病"。例如，研发空间可以选址在特色乡镇，而居住空间可以更加靠近生态环境良好的地方等，这些都可以使城市空间结构得以优化。

三是降低城市运作成本。依托线上线下新模式，既可以减少通勤交通、提高道路的效率、减少道路的投资，还可以减少对实体公共服务、商业服务设施的依赖，减少这些方面的实体投资，城市在建设过程中能够轻装上阵。同时，非中心城市的地租成本也较低，城市能以更低的成本来建设和运行。正是由于这些变化，新城、新区、小城镇、小组团将更具发展优势。它们可以甩掉不少公服、商服的建设和运营包袱，结合线下交通网络和线上信息网络，解决由于配套不足造成的引不来人才、留不住居民等问题，专心发展核心功能，打造核心竞争力，参与区域的分工协作，更好地与周边大城市进行协调发展。例如，新城、新区即使缺乏相应公服配套，也能通过线上线下教育、医疗、政务、网购等方法加以解决，将人留在新城、新区、小城镇、小组团生活，从而达到职住平衡，实现更高效率、更低成本的发展。

　　四是促进城市可持续发展。由于线上线下新模式能够生产和消费线上虚拟的商品和服务，例如游戏、虚拟文化产品、虚拟物品、虚拟会展等，它们同样可以在一定程度上满足人的物欲，却在很大程度上避免了实物资源的消耗。此外，建设和运作传统城市的成本是极其高昂的，建设实体空间环境的时间周期较长，会持续性地消耗大量资源。但在线上线下融合的城市发展模式下，可以减少很多城市实体设施和空间，例如通过减少通勤活动而减少机动车道路，通过线上线下公共服务和商业服务来减少线下公共服务设施和商业服务设施空间，通过线下功能空间的复合使用和共享来减少生产、商务、研发等空间；同时通过线上线下分工协作，大幅度提高城市运作和管理效率，减少运维资源的消耗。这些都为环境保护和可持续发展提供了可能。

　　（2）随经济发展形式的转变，数据科学助推产业结构升级

　　我国现已进入产业结构调整的重要时期，数字经济这一新兴产业势头猛烈，逐渐成为行业领域的热门。近年来，我国对数字经济建设非常重视，在2020年政府工作报告中明确提出"要继续出台支持政策，全面推进'互联网+'，打造数字经济新优势"。中国信通院发布的《中国数字经济发展白皮书（2020）》报告显示，中国数字产业化整体处于稳步增长状态，2019年数字产业化增加值规模为7.1万亿元，在地区生产总值中的占比达到了7.2%，同比增长11.1%。数字产业结构持续软化，软件产业和互联网行业占比有小幅提升，分别较上年增长2.15个百分点和0.79个百分点，电信业、电子信息制造业占比小幅回落。

　　作为经济学概念的数字经济，是人类通过大数据的识别、选择、过滤、存储、使用、引导、实现资源的快速优化配置与再生，实现经济高质量发展的一种经济形态。在数字经济与其他产业融合的过程产生了新的产业变革，在传统产业升级改造和新产业拓展等方面具有重要作用。数字经济主要由数字产业化、产业数字化等构成。数字产业化是数字经济基础部分，以信息产业为主，业态有电子信息制造业、电信业、软件和信息技术服务业、互联网行业等。产业数字化属于数字经济融合部分，在传统产业中引入数字技术，大幅度提高了生产数量与生产效率，新增产出成为数字经济中的一部分。

　　随着经济发展形式向产业数字化转变，数据科学在产业结构升级中也起到了助推作用。具体体现可以总结为促进产业改造、孕育新兴产业、重塑需求端三个方面。[9]

　　一是促进产业改造。产业数字化发展中逐步形成了具有感知功能的智能生产模式。从生产环节来看，增材制造技术应用了数字技术和工业软件后，相比于以往的减材制造技术，能够对复杂结构部件进行生产。随着工业机器人的发

展与应用，其能够进行自我感知、判断与决策，在应用中解决了人类大量重复性劳动的问题。此外，产业数字化也推动具有可视化功能的产业组织模式的形成。在工业互联网支持下，可视化的产业组织模式能够完成对生产者、消费者、供应商、设备以及产业等的联网，建立起人、机、物对话框架；不仅汇聚了大量信息，也为资源匹配创造了条件。所有参与主体可以清晰认识到具有业务关系的合作者，并准确分辨具有间接关系的多个主体；在物理设备运行中也能全天候监控，保证战略决策制定的精准性，为不断优化运用奠定基础。

二是孕育新兴产业。在产业化发展中，数字技术也能逐步成为新的产业。在现代信息技术的支持下，电子信息制造业、软件以及信息技术服务业等越来越成熟，尤其是物联网、大数据、云计算和人工智能等的兴起，是数字经济发展的主要趋势。新产业让现有产业结构内涵变得丰富，而数字技术的应用也实现了商业模式的创新，并逐步转变为新的产业。传统商业模式过于关注企业价值创造，而数字技术应用则使得客户价值创造更受关注，商业模式的选择也更多考虑互联网创新。这样能够解决信息不对称问题，让资源配置更加高效，带来更大商业利润，最终成为新的产业形态。

三是重塑需求端。数字技术的应用使得消费市场结构与消费者观念发生巨大改变。第一，在数字经济产业发展过程中，人们消费习惯与方式有了很大的变化，需求端实现了重塑，这为产业发展提供了更大的市场空间。在需求倾向改变后，产业结构升级也能获得充足动力。在数字技术应用过程中，消费性质有了根本性变化，数字消费需求也让产品、服务等有了很大转变，主要涉及农产品与工业产品，农用设备、工业生产设备，以及零售、金融和医疗等。在数字技术的支持下，在线支付、新零售和平台经济等新业态发展起来，不仅达到了用户需求，也加快了产业发展速度，原有产业结构越来越复杂。第二，在数字经济产业发展过程中，相关产业效率也不断提升，产业成本不断降低，产品具有更强的市场竞争力。消费需求得到了刺激，产品销量不断提升，加快了产业发展与产业结构的调整步伐。面对不断增加的数字消费需求，越来越多的资源流向数字经济产业，在数字经济产业发展的带动下，产业结构更加高级化。

（3）随就业形式的日益严峻，数据科学助推职业发展新走向

年少时，我们常常会被问"你长大以后想做什么？"如果用这个问题去问当下的年轻人，得到的可能不再是医生、教师、律师、科学家，这些会让父辈会心一笑的回答，而是变成了脱口秀演员、主播、视频博主等需要特地向父辈做出解释的工作。包括官方机构在内的许多组织都在试图理解，并定义这些新工作。2020年，中国就业培训技术指导中心发布了《关于拟发布新职业信息公

示的通告》（中就培函〔2019〕67号），包括网约配送员、人工智能训练师、虚拟现实工程技术人员、无人机装调工等16个新职业。

过去十几年里，移动互联网改变了我们的生活，因生活方式的变化而产生了新职业。和生活变化同步的，则是新一代职场人不同于上一辈的择业观。无论是体制内的工作，还是传统制造业公司，对新职场人的吸引力都在减弱。选择新职业对他们意味着工作时间更自由、工作内容更有趣，并且由于竞争少，相对来说能获得更好的薪酬待遇。

21世纪初产生的新职业，一方面得益于产业的升级和新技术的应用，另一方面得益于数据科学技术的发展。人工智能、物联网、大数据、云计算等技术的商业化应用，则催生了人工智能培训师、数据标注员等职业。同时，新职业的发展路径也流向了消费和生活服务两个重要的资本领域[10]，如2020年出现的"直播主播""网红经济""新零售"以及大多数的O2O创业公司。人力资源和社会保障部发布的公告显示，2014—2018年，中国第三产业就业人员占比从40.6%上升至46%，呈持续上升态势。消费增长还会持续，生活服务将继续走向高质量与多样化。新一代年轻人有了更多的就业机会、更多的就业选择，这势必是一个好的开始。

4.2 数据科学在城市治理中面临的挑战

随着城市的复杂性演进步伐加快，城市治理依然肩负着实现城市可持续发展的重任。数据科学顺应了时代的需求，也恰逢数字化转型关键期，数据科学带来的显著成效促使城市治理对其产生更强的依赖。第3章我们列举了数据科学在城市治理中的应用实践，让我们看到了数据科学的威力，尽管这种威力在此之前是有益的，但"凡事有利弊"这一普遍存在的说法，同样在数据科学中有所体现。我们享受当下，但也同样被各种问题或挑战所困扰，无论是个体、城市，还是数据科学，都在自身或他物中分析所面临的问题，试图找寻理所应当的答案。在我们阐述了数据科学与城市治理这种互促共进的关系之后，又将解决问题的难点定在了数据科学之上，因为城市治理是永恒的目标，是数据科学作用的主体，如何有效利用数据科学的同时，又不伤及城市、个体及数据科学自身，这是数据科学存在的关键。

4.2.1 数字鸿沟与数字素养

技术是一把"双刃剑"，既赋予城市治理更大的便捷性和更高的效率，但技术引发的高度复杂性和不确定性也导致传统的组织决策模式因过于僵化而难以应对新需求、新问题和新挑战。

1. 数据孤岛与数据共享

数据科学对于提升城市治理效能以及实现国家治理现代化都具有重要意义。数据科学的关键在于数据，数据的生命在于共享。关于"共享"，美国学者艾伦·肯特（Allen kent）认为，它实际是一种互惠关系。在这个关系中，"每个成员都拥有一些可以贡献给其他成员的有用事物，并且每个成员都愿意和能够在其他成员需要时提供这些事物"。共享资源、共享意愿及共享计划是共享必不可少的条件。

然而当前，数据孤岛成为推进数据科学在城市治理中发挥更大作用的主要"梗阻"。尽管我国在电子政务发展、数字政府建设和智慧城市治理方面已经取得诸多成就，但是在具体发展过程中也出现了令人担忧的问题，其中影响到信息资源共享的严重问题就是所谓的"数据孤岛"。

数据孤岛一般是指各个治理者的信息来源彼此独立、信息平台相互排斥、信息处理难以关联互动、信息运用不能互换共享的信息壁垒和信息堵塞现象[11]。数据孤岛林立，不仅导致城市治理数据资源的重复采集，提高了治理成本，而且造成城市治理者之间的数据难以共享，数据相互联通不充分，降低了治理效率，阻碍了城市治理水平的提高。

2. 公众参与度受限

"公众参与"是一种有计划的行动,它通过政府部门与公众之间的双向交流，使公民们能参加决策过程并且防止和化解公民和政府机构之间、公民与公民之间的冲突。公众参与被认为是弥补"市场失灵"和"政府失灵"，构建现代化城市治理体系的必然要求[12]。

城市治理的主体不仅包括政府，还包括了公众、社会组织、私人团体、企业等主体，它强调的是一种合作共治、互利共赢的治理精神。在现代城市治理过程中，传统的以城市政府为单一决策主体的决策方式逐渐被摒弃，企业、社会组织和城市公众等利益相关者都被纳入城市治理的主体中。这意味着，他们不再只是被当作城市治理的对象，而是参与到城市治理和发展的重大问题的决策、实施和监督过程中来。

数据科学技术的应用有利于提高公众对城市治理的参与度。大数据时代提供了一个信息更加开放对称、互动更加便捷的交互平台，一方面能够促进公众的民主意识，主动参与城市管理公共政策的制定；另一方面，大数据应用平台能够促进公众参与城市治理的监督，打破传统治理结构中政府、社会组织、公众等不同主体间的权责不平衡现象。通过大数据平台的扁平化、去中心化和互惠性，实现信息互联互通、数据融合共享，进而实现城市治理的共建共治共享。

虽然我国公众的受教育程度普遍提高，对城市问题和政府治理目标的理解都有所提升，但是在城市社会中，公众的科学文化水平和政治素养、数字素养参差不齐；并且随着经济和科技的发展，城市政府的政策议题不断更新，公众参与的门槛也逐渐提高，导致公众参与层次降低，主体作用发挥受到限制。

为此，我们应该善用数据科学技术，提升公民的数字素养，畅通公众利益诉求的反馈渠道，通过搭建政府、企业和公众等多元主体参与城市治理的数据平台，建立起必要的治理行为互动，不断提高城市的治理水平。

3. 如何发挥好大数据的群体智慧

群体智慧亦称集体智慧，它是一种共享的或者群体的智能，可以在生物学、社会学、计算机科学等领域出现，表现为集体协作的创作方式、协商一致的决策方式等群体合作方式[13]。本章提到的群体智慧，若不加特别说明，指的是存在于人类社区的群体智慧。

群体智慧的发展并不是一蹴而就的，从个体智慧到群体智慧的发展是一个连续的状态，它的涌现是一个思维不断变化、凝聚的螺旋上升过程。在这个过程中，群体智慧经历了发散、收敛、凝聚到最后创新的一个进程[14]。最后形成的智慧结晶不仅仅是个体之间就某一问题达成共识，更为重要的是通过彼此之间的互动，整个群体提高了理解和解决问题的能力。在这个过程中，个体不断地进行信息和知识交流和共享，个体智能逐渐提高、思维一点点地凝聚，逐步形成群体智慧。群体通过互信而产生团结、合作、凝聚力与竞争力，是开发群体智慧的最终目的，但这也是最难所在。在大数据时代，正确运用群体智慧进行城市治理也是现阶段我们需要注意的事项。

城市治理与社会各个群体息息相关，包括政府官员、信息人才、专家学者、平民大众等。专业而广泛的群众为基于群体智慧的城市治理实施打下了坚实的基础，也为更广泛地挖掘群体智慧和更全面地治理城市提供了精神保障和智力支持。此外，由人们之间的交流、互动和协作而引发的人才"涌现"现象，为智慧的碰撞创造可能，也为更好地运用数据科学技术进行城市治理提供了基础和保障。

网络技术的日益兴起为基于群体智慧的城市治理提供了技术支持和保障。中国网站规模大、网民数量多、互联网普及率高等现实，均为基于群体智慧的城市治理提供了技术基础和群众基础。网络将人与人连接起来，构成了引人注目的群体智能体，增加了信息发布的便捷性、互动性，扩大了信息传播范围，增强了信息受众的广泛性等，为城市治理信息的传播奠定了便捷的设备基础，也为人们集思广益参与城市治理提供了平台。

城市治理非某个机构、某些人的任务和职责，而与每个人的生活息息相关。基于群体智慧的城市治理模式的建立也不能够一蹴而就，需要相关机构放权与群众参政意识的提高和对城市治理的积极参与。相信，当每个公民都成为城市治理的参与者，并通过自己的智慧为提升城市治理水平作出贡献，我们就实现了真正的"以人为本"。

4.2.2　数据质量与决策质量

1．数据质量问题

数据质量是指反映事件或实体特征的原始事实的质量。目前，影响城市治理数据质量的因素仍然存在。

过去，政府主要使用在其业务系统中创建的数据，然而，现今多国政府正试图从各种来源收集和分析数据，如从物联网、社交媒体和其他行业收集数据。对于政府来说，从不同来源获得的数据势必会影响数据质量。由于获取的数据量巨大，在一定的时间范围内判断数据质量的高低并不容易，特别是在有限的时间内很难收集、过滤和集成高质量的数据，鉴于当前的数据处理技术和能力，这被认为是一个挑战[15]。

此外，有用的数据是易过时的，数据的有用性变化很快，这进一步增加了对大数据技术的需求。如果政府没有及时收集所需的数据，可能导致政府部门对无效和过时的信息采取行动，对这些数据的分析和处理可能产生误导和无用的结论，最终导致政府决策质量的不准确和降低。因此，在使用大数据时，面临的挑战是理解什么是准确和相关的数据，只有提高数据质量，然后才能利用这些高质量数据进行分析、处理和应用。

2．数据噪声造成的数据差错

噪声数据是指在测量一个变量时测量值可能出现的相对于真实值的偏差或错误，这种数据会影响后续分析操作的正确性与效果。噪声数据主要包括错误数据、假数据和异常数据。

噪声数据是无意义的数据，现阶段已经扩展到包含所有难以被机器正确理解和翻译的数据，如非结构化文本。任何不可被源程序读取和运用的数据，不管是已经接收、存贮的，还是改变的，都被称为噪声。引起噪声数据的原因可能是硬件故障、编程错误、程序识别出错等。数据中的噪声可能有两种：一种是随机误差，另外一种是错误。如果噪声数据进入分析和处理的数据，可能会对结果产生很大影响，这也是去噪中使用异常值检测的意义所在。

数据噪声的存在不仅使数据处理起来十分困难，而且使数据分析有可能出现不合理结果，甚至会导致基于数据分析、处理的相关决策出现失误。因此，在进行城市治理的过程中应注意对噪声数据的处理，减少数据噪声的干扰，提升大数据排除数据噪声的技术，提升数据质量。只有基于正确完整的数据做出的治理决策才具有准确性和可靠性。

3. 数据获取难度造成数据完整性缺失

数据获取是指从各种设备获得有关各业务所需的流量、IP、次数、协议等网络传送的原始数据。

作为城市治理数据的主要获取者和使用者，一直以来，各级政府部门投入了大量的人力物力采集各种数据。但是，地方政府在采集数据时缺乏大数据思维，使得传统手段的数据采集、分析和使用的效率较低。而且这些数据的规模较小，很难满足大数据时代的决策需求。

对于政府来说，数据的获取难度会造成数据完整性的缺失，这严重影响了治理者运用数据进行城市治理的效率。因此，地方政府需要着重做好多方面的工作，如厘清各个部门的主要数据来源，确定产生重要数据信息的渠道。政府运作的过程成为数据信息收集、流动和集成的过程，而大数据的产生和集成又可以大幅度降低治理成本。地方政府在社会治理中产生和采集数据，这些海量的数据就是决策的数据来源，在之后的社会治理中再运用这些大数据。通过这种滚雪球的方式，数据规模将不断扩大，进而为地方政府创新提供日益扎实的数据基础。

4.2.3 数据隐私与公民权利

发达的大数据技术为时代赋予了自由、开放、共享的特点。如今，数据科学面临的最大未知是，社会如何解决一个老调重弹的问题，即如何在个人或少数群体的自由和隐私与全社会的安全和利益之间做最好的平衡。在数据科学的背景下，这个古老的问题应这样描述：从社会的角度来看，我们应该以什么样的方式合理地收集和使用个人相关的数据，这些数据将用于打击恐怖主义、医学研究、公共事业、犯罪防治、欺诈检测、信用风险评估、保险承保等多个领域。[16]

当个人与现代的技术主导型社会打交道并在其中穿梭时，我们别无选择，只能留下各种数据线索。在现实世界中，视频监控的普及意味着无论个人何时出现在街道、商店或停车场，都可以收集到我们的位置数据，而手机的普及意味着许多人可以通过手机被跟踪。真实世界数据收集的其他例子还有信用卡购物记录、超市会员卡的使用等。在网络世界中，个人隐私数据可能在多个环节中被收集，如访问或登录网站、发送电子邮件、网上购物、在线打车等。总的来说，与个人相关的数据点定义了这个人的数字足迹。

《中华人民共和国网络安全法》①中就对这一数据分类方式作出了明确的规定，该法案中指出个人信息即为"以电子或者其他方式记录的能够单独或者与其他信息结合识别自然人个人身份的各种信息，包括但不限于自然人的姓名、出生日期、身份证件号码、个人生物识别信息、住址、电话号码等"。大数据的出现使得公共与私人领域的信息出现了交叉融合的情况，这就导致难以有效界定隐私范围，相应的对于隐私侵权行为的界定也就显得困难重重[17]。

首先，人们在通过网络进行购物、社交的过程中，在使用智能手机的过程中，个人数据的所有权由用户手中转移到服务商手中。在多重交易和第三方渠道介入之后，数据权利的边界逐渐模糊甚至会消失，一些原本属于隐私行为范畴的内容暴露在网络公司面前，容易被网络公司所利用。

其次，网络时代，为了实现对网络用户个人隐私权的有效保护，在大多数情况下，网络行为的进行会采用匿名的形式。这种方式虽然有利于实现对网络用户个人隐私权的有效保护，但同时也为不法分子提供了隐身之处。违法者能够隐蔽地实现对各种个人信息的收集，同时这种行为往往难以为被侵权人所察觉。这导致侵权方式更具隐蔽性特征，难以找到侵权人，最终造成受害人的权益不能真正得到保护。

因此，政府具有保护公民隐私及个人信息不被非法侵害、颁布行政禁令的职责，同时市场监管也是政府的经济职能之一。以大数据为基础的共享经济是高度数据化的经济模式，无论政府部门、企业组织，还是普通公众，都对数据存有高度依赖。政府应对大数据技术的监管承担责任，并应对违规使用用户隐私数据信息的机构、企业、个人给予严厉处罚。

①《中华人民共和国网络安全法》是为了保障网络安全，维护网络空间主权和国家安全、社会公共利益，保护公民、法人和其他组织的合法权益，促进经济社会信息化健康发展制定的法规。在2016年11月7日第十二届全国人民代表大会常务委员会第二十四次会议通过。详见：http://www.gov.cn/xinwen/2016-11/07/content_5129723.htm。

4.2.4 其他需要注意的问题

1. 伦理道德

伦理，人们相互关系的行为准则，或指具有一定行为准则的人际关系。从本质而言，伦理是关于人性、人伦关系及结构等问题的基本原则的概括。道德作为社会意识形态，是指调节人与人、人与自然之间关系的行为规范的总和。伦理范畴侧重于反映人伦关系以及维持人伦关系所必须遵循的规则，道德范畴侧重于反映道德活动或道德活动主体自身行为的应当性。伦理是客观法，是他律的；道德是主观法，是自律的。没有规矩不成方圆，在社会生活中的每一个人，既有自我的要求，又受社会的政治、法律、伦理的支配和约束。为了使人真正成为人，社会成为真正的理性社会，就必须有道德的自觉规范。作为社会调控体系的重要手段，伦理道德与法律规定共同构成人们的行为规范内容。伦理问题主要与大数据技术带来的隐私伦理问题有关。

生活在信息时代的我们，大部分深知商业组织是如何通过数字画像将我们这样的消费者进行分类，然后使用这些类别为我们提供个性化优化和促销的。或许我们中的某些人被认为是他们所谓的浪费类型的用户，被忽略或分流至营销人员认为与他们的品位或收入更相关的其他产品中去。我们通常会认为是商家为商业利益，对消费者所采取的差异化定价，然而这种个体化差异会导致某些人的优待和其他人的边缘化，那么商家这种根据客户画像实行同一产品收费价格不一的策略又何尝不是一种道德歧视？

在当代社会，随着数字化技术的迭代升级，人们解锁了数字化、智能化的新生存模式，却又深陷技术生存的困境。人从物质生产的工具化转向了精神世界的单向度，迷失在技术世界。

2. 社会哲学、技术哲学

社会哲学是哲学的分支学科，是对社会交往、社会关系和社会团体活动的一般规律性的研究。随着数字技术与社会各领域的广泛融合，传统社会结构不断受到冲击，社会范式呈现出颠覆式变革的态势。数据科学在塑造社会面貌的同时，也引发了诸多不可控和不确定性的社会问题，从而凸显出在社会哲学语境下研究数据科学的紧迫性和必要性[18]。

正所谓有什么样的主流技术就会构建什么样的框架，我们就会有什么样的世界。目前，以数字化技术为核心的数字化生存进入深层次、宽领域的发展阶段，数字化技术进入迭代升级的黄金时期。全世界范围对数字化技术的重视和研发进入紧张状态，国内外的竞争焦点转向对数据资源和数字发展主动权的争夺。数字化技术站在了新时代的风口，基于现实境遇对数字化技术进行技术哲学的理论剖析尤为重要。

传统的技术哲学是按照哲学的研究倾向分为工程技术哲学和人文主义技术哲学[19]。工程技术哲学专门研究技术的本质以及认识论和方法论，它更多的是将技术视为人类在参与创造活动中所获得的经验，是社会发展所创新出来的物质工具，是人类器官功能的延伸。人文主义技术哲学主要是从技术之外用人文的观点来解读技术在社会中的意义，强调人文价值。这种技术哲学对技术持批判的态度，认为人是技术的创造者，技术是人的从属物，技术应该处于人的控制之下。工程技术哲学表现的是正面的乐观的倾向，技术的发展进步必将为人类社会创造更为丰富的物质财富和更加美好的生存环境。而人文主义技术哲学更多的是对技术表现出悲观的态度和批判的观点。

在马克思看来，技术产生和发展具有整体性。在宏观层面上，技术与生产生活、文化思想、科技进步、伦理道德等社会因素紧密关联，共同构成了动态发展的社会系统；在微观层面上，具体的技术产品如机器，其运行需要内部各个构造、器件之间的配合。

数字化技术的创新将推进数字化生存的纵深发展，从技术哲学的视角来理解数字化生存，既要把握数字化生存以数字化技术为核心的特征，又要在肯定与否定的辩证统一中认识数字化技术的具体应用。"数字化"是数据时代的特质，人作为社会活动的主体，在利用技术的同时又容易迷失自我，这就要求人们坚持以人为本的技术应用原则，保持辩证理性、唤醒主观意志、关注技术价值和消弭技术异化。

未来必然是大数据、人工智能等高阶技术发展的时代，人们只有在数字化生存中化被动为主动，将数据应用升华为数据思维、将科技符号转化为文化符号，才能真正实现人的解放、人的自由全面发展。

因此，我们需采取必要的知识策略，思考如下两方面的问题：一是如何设置数字技术时代的哲学议题，如以技术与设计、技术与艺术、新兴科技（人工智能、基因科技、神经科技等）伦理等关注度高的问题为突破口，吸引更多领域的思考者参与讨论，使技术哲学通过广泛深入讨论的洗礼，改进表达方式，成为学者与政策制定者普遍接受的思想、方法和知识。二是如何通过更有效的传播形式，使技术哲学更具社会影响力，成为技术时代的普通人反思生活、改变世界和创构未来的启示法，成为可以调节技术活动的现实力量。

技术哲学唯有成为技术时代的思想孵化器和联结器，既以思想的种子激发人们对技术的深度关注，又在技术实践层面成为被普遍接受的思想框架，才能在数据时代对人的认知与行动有所贡献。

众所周知，尽管存在法律框架，但依然存在很多公民在不了解的情况下收集他人数据，或者是使用衍生、汇总或匿名数据，绕过了与个人数据和隐私相关规定，再将收集到的数据在合适的商业机会中重新利用或出售。因此，目前公众舆论对政府收集个人数据以及互联网公司收集、存储和分析个人数据普遍持负面态度。从数据科学的角度来看，围绕数据隐私和保护的法规正在不断变化。尽管道德的数据科学的论点很清楚，但实践起来并不总是那么容易。在多变的环境下，我们需要采取保守和呵护道德、哲学的行动。当我们致力于为城市治理问题开发新的数据科学解决方案时，应该考虑与个人数据相关的道德问题。随着数据集成、重用、分析和定位的加强，未来几年公众对数据隐私的态度可能会变得更加强硬，这会导致政府对其更严格的监管。有意识、透明的、合乎道德的、有效的行动，是确保我们构建的数据科学解决方案避免与当前或未来可能出现的法律冲突的最佳方式。尽管在解决城市复杂系统问题时遇到了各式各样的问题，担心在既定的目标与条件约束下寻求不到最优解，那就问问自己："这到底是为什么？"

4.3　大数据时代城市治理面临挑战的原因分析

中国城市进入新型城镇化，意味着需要满足更高质量的城市发展要求。人们不禁萌生疑问："城市经济不断向好，为什么'城市病'还会层出不穷？"即使在信息技术高速发展的今天，依然有大量劳动力处于失业状态。许多事实证明，城市的复杂性，无"最大解"，只有"最优解"。数字时代的城市治理面临现实复杂性、非协调性、需求多样性等挑战。大数据时代，我们可以从城市治理本身的复杂性、治理主体的缺陷、现有体制的不适应、城市涌现性以及数据本身的风险等方面分析城市治理面临挑战的原因。

4.3.1　城市治理的复杂性

中国城市发展进入从速度扩张到内涵式发展的新阶段，因此如何摆脱粗放式发展模式，迈向高质量发展和高效能治理是城市现代化的重要议题。城市治理问题的复杂性首先表现为城市的治理压力。

中心城市和城市群已成为我国承载发展要素的主要空间形式。国家统计局发布的《经济社会发展统计图表：第七次全国人口普查超大、特大城市人口基本情况》显示，以城区常住人口为统计口径，截至 2021 年，我国共有城市 660 个，其中超大城市 7 座、特大城市 14 座、大城市 98 座①。大城市的集聚效应也意味着城市治理的难度不断增加：由于城市的规模不断增加，人口和企业高度集中，引发城市空间的压力；人口结构的多元化和文化的多样性，加大了超大城市的多样性和复杂性；城市的公共安全和社会秩序风险加大，城市及其治理变成了一个复杂的巨系统，这给城市治理带来很大压力；另外，城市发展的不平衡，容易引起"虹吸效应"。省会城市、大城市吸收周边小城市的资源，加大城市间的发展不平衡，小城市的人员流动至大城市，就会导致大城市的城市问题增加，加大城市治理的难度。

城市治理面临一系列越来越难以解决的"城市病"，如城市无序扩张、人口总量剧增、资源环境承载能力超过极限、交通堵塞、居住拥挤、环境恶化、空气污染、疾病流行、房价高企等。这些问题的解决往往与其他"棘手难题"交织在一起，问题链条变动不居，治理难度也随之增加。

大数据时代，大数据、物联网、云计算等技术缩短了城市治理链条，简化了治理职能，在一定程度上提高了城市治理效率，城市治理朝着智能化转型。但城市治理在享受大数据便利的同时也导致了一个大的问题，即城市治理的复杂性。

1. 社区的现实复杂性

社区很多事务是多种利益主体、多种关系的相互交融，是一个复杂的生态系统，人口的多样性和社区各方面事务相结合可能呈现出的结果和问题将超出智能化系统的预期，因而对城市治理智能化设计方案提出了更高的要求。在这种情况下，实现社区智能化系统也许会导致社区事务"简单化"，用所谓的理想的方式做出相应的决定，但其结果往往与居民预期有差距[20]。

另外，由于社区的管理对智能化的新技术掌握度不够，对大数据的应用也有所偏差，因此很多社区、城市会选择将信息技术系统以及大数据系统外包给第三方。虽然这种技术外包模式减轻了社区的负担，但这种方式无法避免第三方产品或服务的技术漏洞，使得信息安全得不到保障。一旦服务系统出现问题

---

① 数据图表及解读详见 https://baijiahao.baidu.com/s?id=1711753966245683497&wfr=spider&for=pc。

可能影响社区工作的开展，如系统信息的调取和录入出现错误，社区事务程序中断，等等。依赖第三方提供信息服务还容易面临数据泄露的风险，社区服务数据涉及社区居民的生命和财产信息，一旦泄露将造成非常严重的社会后果，这在一定程度上加大了城市治理的难度。

2. 城市治理协调性所面临的挑战

协调是为了解决发展不平衡的问题而提出来的重要理念。高质量的城市治理同样讲究区域间的协调性，但由于我国城市内部、城市间、区域间发展不平衡的问题仍然严峻，非协调性的问题也依然显著[21]。

我国城市发展进入从速度扩张到内涵式发展的新阶段，城市治理也正迈向高质量和高效能治理。但现如今随着城市数量的增多和城市规模的扩大，城市治理变得复杂。城市治理的复杂性加大了城市治理协调性的挑战。

在经济社会发展较为落后的城市，由于技术和人才缺乏，这些区域对大数据、云计算、物联网等接受度和应用程度不高，就容易造成区域间的数字鸿沟，引起城市间的非协调性。由于城市治理是一个相互联系的巨大网络，这种由数字素养的不同导致的数字鸿沟，加剧了区域间的不协调。缓解数字鸿沟成为城市治理面临的重大挑战之一。

到城市工作和生活，就是为了享受更加美好的城市生活。随着生活水平的不断提升，民众的需求也越来越多元化，期待享受高品质、便捷化和个性化的服务，还期望更积极地参与城市治理过程。

3. 城市创新发展特色之困

城市特色是一个城市区别于其他城市的重要方面，它包括但不限于两方面：一是有特色的城市物质，包括建筑风格、美食特色等；二是由文化、经济、生态等共同组成的系统。

长期以来，我国许多城市发展正在被千篇一律的新建筑和膨胀的"现代化"所淹没。有的城市色彩不鲜明、风格不突出，在一定程度上影响了城市的层次和品味；有的城市文化主题不够明显，没有充分利用地域特色、发挥地域优势；有的城市没有凝聚城市精神，没有充分认识到好的"城市精神"在展示形象、吸引人气方面的积极作用；有的城市产业布局失衡，无视城市资源禀赋，蜂拥而上，发展模式和发展路径单一。

新时代的我国城市，正在经历一场城市风格重塑、城市经济升级、城市社会变迁、城市生活变革的运动，城市的发展从分散野蛮式、千城一面式转变为被纳入区域发展乃至国家战略、走内涵式高质量个性化发展的新型道路的过程之中。因此，再发展同质化很高的城市已经很难有市场，尤其是在国家着力推动城市群发展的大趋势下，缺乏的是各个城市在城市群的框架内瞄准定位清晰、个性鲜明、优势突出、分工协作、群体共进的大方向突围的能力。这就给城市治理加大了工作难度。

4.3.2　城市治理主体的缺陷

1.　治理主体单一

受以往传统的"全能政府"的影响，我国部分地区城市治理主体仍呈现单一特征，政府仍习惯于以往直接或者通过直接控制的机构对市场和社会运行进行干预的治理方式。

政府是城市公共服务的主要提供者、公共事务的管理者以及城市风险的主要治理者。在数字经济快速发展的时代下，随着现代信息技术的发展，城市系统日渐复杂，仅仅依靠政府的力量在应对复杂治理环境时显得力不从心。城市政府在城市治理过程中既无法合理依靠社会力量，社会力量也无法有效通过参与公共事务得到成长，政府与公众之间缺乏交流和互动。

第一，单一的政府主体容易导致决策理性不足。合理的决策是由有效的信息支撑的，做决策的主体需要在获取信息之后及时对信息进行加工，决策主体获取信息和分析信息的能力会直接影响决策水平。一些城市的单一决策主体会导致组织运行模式相对封闭，容易形成部门主义和狭隘的视野，在应对复杂城市问题或者新生事物的时候，往往显得理性不足。当城市出现大数据、云计算、平台经济、共享经济等新生事物时，政府相对封闭的组织管理模式就会显得反应迟钝，导致治理失效。

如共享单车作为一种互联网创新产品，为市民出行"打通最后一公里"提供了便利，但是共享单车的出现对于政府来讲是一个新生事物，政府和相关企业之间的责任不明确，政府不能及时对其进行规范化管理，就导致共享单车起初管理混乱，城市政府没有合适的方法和规则去规范单车的投放和运营，多个共享单车企业为了抢占市场份额不断投放新的单车，一度让单车在城市中泛滥成灾，占用城市公共空间，严重影响城市形象和道路安全。

第二，公民参与治理的内容受限。城市治理中对公民意见的采集主要集中在社区层面，其他层级的治理公民很少能够直接参与，更多的是依靠政府调研或者网上公民意见征集，公民很难真正深入参与治理，难以对影响自己生存和发展权利的公共事务发表意见；而且在参与内容上，也局限于城市生活的细微具体之处，对关系生存和发展权益的核心问题参与较少，社会组织成长缓慢。

如现有关于公众参与公共事务管理的制度、政策也较多集中于城市社区公共事务层面，如小区停车、社区绿化、新建电梯、环境整治等方面，而在决策咨询、行政协商、政策评估等方面的功能较弱。而且像停车问题、环境整治问题这种基础的公众治理事项大多也是接受政府委托，或者承接政府的项目，开展社会调研、提供公共物品或服务，这仍然是政府职能的一种延伸，不能展现公众自主参与治理的优势。另外，社会组织作为政府与公民之间的纽带，其自身的发展和自身能力的提升也有待考察。

2. 城市政府权力结构的不合理性

对庞杂的公共管理事务进行专业分工有助于提高行政效率，但长期的专业分工会造成部门之间壁垒森严，协调行动困难。在工业化和信息化充分发展的背景下，越来越多的事务需要跨部门协调，如环境治理、基础设施建设、流域治理等问题。而当前城市政府的权力结构依然保持着较为封闭的科层制组织结构，在面对日渐复杂的城市治理环境时，存在服务视野狭窄、政策目标和手段之间的冲突、协调行动困难等问题。

首先，政府权力层级过多。我国城市大多采用纵向权力管理模式，该模式层级过多，并且这样容易导致不合理的权责与资源配置问题。在我国现行的城市管理体制中，地级及以上城市的管理结构为市、区、街道、社区四个层级，权力链条过长，沟通成本高，缺乏灵活性和主动性，影响行政效率以及整体行动的协调性。在实际工作过程中，需要贯彻执行中央和省级政府的政策命令时，则会面临更多的组织层级，而信息流动速度与信息流程环节两者之间呈负相关的关系，划分的层级过多，信息沟通成本就越高，信息在传递过程中扭曲和失真的可能性就越高。

其次，政府专业分工协调行动困难。基于专业分工的要求，当前城市政府往往设置不同的职能部门负责各领域事务，如教育、文化、公安、民政等。专业化和分工本身是有助于提高行政效率的，但是随着城市系统的复杂性增加，这种分解和简化的方式在治理有效性上大打折扣。复杂交错的城市系统无法按照部门职能的要求进行精准的职能分割。例如，城市水域治理不仅涉及水运基础设施建设、航运路线规划、水域生态保护、渔业可持续发展甚至是城市供水系统的合理规划，还涉及地下管道的通信、电力、热力等领域，这就要求政府应在城市水域治理过程中进行多部门协调行动。但在现实中，水域治理大多是各部门独自行动，部门之间缺乏合作治理的指导和缺乏整体行动的意识，利益冲突、相互推诿扯皮的现象时有发生。这就足以证明政府部门分工不明确，协调行动力不足。

4.3.3 城市社区现有体制的超限运行

1. 城市社区治理体系局限日益凸显

虽然我国在基层社区服务设施建设上投入巨资，但是现有的整体管理服务设施及其制度都是围绕相对封闭条件下的户籍人口设计的，如何在这样一个复杂性程度极高的社会中实现有效的行政管理和公共服务，是极具挑战性的任务。

在现行的城市管理体制下，党的基层组织建设的社会化、社区化机制尚处于成型阶段。党和政府的公众响应机制单一，渠道狭窄。基层治理出现的问题都和传统形式的全能全控集中化的国家管理模式有关，这种管理模式直接影响到经济社会发展的活力，使改革创新的动力衰减。所以现有的基层治理中虽然建设了社区服务中心等机构，努力建设"两代表一委员"等制度，但是议事、决策、服务、管理的分离，以及现行管理体制、理念滞后等问题的影响，使得现有的党和政府自上而下动员的方式并不能很好地发挥效能。将这些远远超出基层社区所能承担的职责通过自上而下的方式派入社区，导致基层城市社区自治组织的高度行政化，是我们当前社区建设的主要问题。

各地虽然通过建立政府部门职责下沉街道准入制度，力图做到权随事转、人随事转、费随事转等"三随一转"，但由于基层街道权责不一致，人财物并未同步下放，实施效果有限。另外，在城市迅速扩大、大量流动人口持续涌入、社会成员需求多样化、社会矛盾错综复杂等问题并存的背景之下，原有体制中通过所谓"横向到边、纵向到底、单元全覆盖"的行政管理方式来治理基层社会的方式已经难以适应现实社会，即使是通过各种"零事故、零发案、零投诉"之类完全不合理、不现实考核方式强压的管理方式，也难以奏效。这说明现有基层社会治理创新的难点，表面上是改变不合理的街居制度，而实质上是要通过这一改革，推动深层次的基层政府运行方式改革与真正的政府治理创新。

2. 社区发育与社区自组织能力不足

我国政府主导推动的社区建设，力图通过发挥社区居民委员会这一组织的功能，夯实政府在基层社会的基础。

2020 年民政事业发展统计公报显示，截至 2020 年年底，我国有城市居委会 11.3 万个，比上年增长 3.2%；居民小组 123.6 万个，居委会成员 61.6 万人，比上年增长 3.3%；城市社区综合服务设施覆盖率 100%①。可见，我国社区不断发育，但从社区发育的意义上来看，这些社区基本上是陌生人社区，社区发展面临的任务非常繁重。在大部分居民规模都在一万人左右的社区中，单单依靠居委会完成现有的工作任务在理论上已不可能，而且居民因年龄、教育文化程度、职业等带来的差异化需求就更非单纯的政府社区建设所能解决的。

政府主导的社区建设本身已经导致广为诟病的居委会行政化问题，当前城市基层治理的关键性问题就在于行政化程度膨胀，政府与基层的协商对话机制不足，选择政府公共事务执行与居民自治两种有冲突的机制共同融合于居委会，导致居委会的行政化与社区代理人角色的弱化，居委会的日常工作往往不是推动群众自治和进行社区服务，而是竭力完成政府下派的各类行政事务。

另外，社区是国家实施基层社会管理控制的基本载体，本来有助于提高贯彻国家社会治理与公共服务政策的有效性，稳定的财政支持和工作队伍都是复杂社会基层管理的有机组成部分。但社区工作人员待遇偏低、缺乏向上流动通道导致难以吸引优秀人才，社区人才队伍流失率很高。同时，在新型社区中除传统的社区居民委员会之外，还有业主委员会、物业公司、社区社会组织等新的治理主体，社区治理面对的问题也与传统的社区管理不可同日而语。所以，社区治理创新不单是社区类型的变化，而是中国社会结构整体性转变在基层社会的体现。

3. 市场组织嵌入社区缺乏规制体系

我国的社区建设是与经济领域的改革开放同步展开的，特别是公共住房的商品化改革，成为社区建设的基本背景，但由此连带产生诸多问题。突出表现为社区相关市场组织规制体系的缺乏，特别是商品房社区的物业管理体系与商品房开发之间缺乏连续性、明晰的规制体系，导致社区在建设阶段公共服务设施配套建设缺乏，与城市公共基础设施没有形成连带整合效应，在居民入住后物业管理服务遗留问题多，由此导致的社区矛盾剧增。城市社区中以购买商品房为纽带形成的物权利益共同体，通过业主委员会的方式进行维权，甚至与基层政府产生冲突，被看作是我国公民社会的先声。

在城市社区由管理向治理转变的过程中，如何充分激活业主委员会等治理主体的效能，有效规制房地产开发企业、物业公司在社区治理中的责权利，都是亟须破解的重要问题。

---

① 数据来源：民政部《2020 年民政事业发展统计公报》。详见：https://www.mca.gov.cn/article/ sj/tjgb/。

公共服务的供给一定是公益化、市场化、社会化多元渠道并存的。新的时期政府将通过购买公共服务、委托经营等方式，逐渐把更多资源与服务职能转移到社会组织和公共服务机构，并逐渐形成一个在政府基本服务之外的庞大公共服务市场。但如何通过制度创新实现公共服务市场的有效运行，如何通过社会化竞争提升公共服务组织的专业化水平，如何使公众需求与公共资源有效对接，如何实现政府对公共服务的规制，真正实现政府由"运动员和裁判员兼具"转变为"裁判员"，都是迫切需要解决的问题。

4.3.4 城市人口与容量之间的矛盾日益尖锐

1. 快速城镇化导致资源分配不均

快速城镇化导致城市人口剧增、空间扩张及市辖区多样化和复杂化，由此造成城市公共服务资源、机会分配的不公平性[22]。

城市治理要求其结果能够保证社会利益、资源和机会在城市空间的分配是合理和公正的。这些社会利益、资源和机会主要包括教育机会、就业机会、公共文化服务资源、医疗卫生保健资源、公共交通设施资源，以及良好的生态环境、空气质量、饮用水等，以满足城市不同空间居民的基本公共需求。公平性是城市发展和城市治理的目标与价值追求，城市空间是所有城市居民的空间，应该而且必须为全体居民所享有和共有，要保证一个城市内的自然生态环境、各种生存与发展权利及机会、社会保障等公共资源在全体居民中的分配是合理且公正的。

在我国，随着城镇化的快速发展，一些大城市由于人口集聚和空间扩张，市辖区的数量不断增加，城市治理需求呈现出多样化和复杂化。但由于这些城市的治理主体拥有不同的公共管理事务、公共管理财力以及公共服务供给条件，最终导致城市治理绩效在城市内部有着十分明显的差异化，特别是在公共文化服务、医疗卫生服务、全民健身服务、基础教育、养老服务以及环境卫生等方面，表现得尤为突出。

2. 城市新生代农民工社会保障欠缺

新生代农民工并没有被纳入城市社会保障覆盖范围，只能在农村户籍所在地享受水平并不高的新型农村社会养老保险、农村合作医疗保险等为数不多的社会保障。即使一部分新生代农民工享有部分社会保险，也存在覆盖率低、缴费标准低的问题，以及无法享有城市最低生活保障、失业保险、保障性住房（廉租房、公租房）等城镇职工的基本待遇。

大部分农民工进城后工作没有保障，仍然属于"次属劳动力市场"，就业领域仍然呈现收入低、工作环境差、工作强度大的特征，以及农民工就业仍然不稳定，流动性大。绝大多数农民工仍处于城市的边缘位置，是城市的"边缘人"，在城市没有归属感。

政府制定政策的出发点仍然含有"城乡隔离"的影子，使得新生代农民工成为游离于城乡社会之间的"边缘人"，日益蜕化成为社会中的新型弱势群体。城乡基本公共服务的不均等化制度把新生代农民工强行地排斥在城市之外。城市化就其本身而言，并没有缩小城乡地区之间的分配差距。对城市新生代农民工的安置、保障问题也是大数据时代下城市治理面临的重大挑战[23]。

4.3.5 数据本身存在的风险未得到解决

1. 数据采集的过度化

智慧城市被视为一个大型数据信息系统，与传统的城市治理相比，大数据治理具有处理速度快、规模大、类型多、价值高的特征。巨量数据的采集囊括市民生活的方方面面。通过将所采集的巨量信息放入数据库中，就可能形成关于我们如何生产生活的生动描述，与我们的记忆相比，这种描述更加精确、详细、全面。

大数据时代下城市常见的智能感知与监控设备也会大量采集公民的数据信息，这些数据信息通常包含公民的偏好、生活习性、收入、职业、社会地位以及身体特征等，这些数据均在公民没有察觉的情况下完成采集。随着监视空间和数据采集空间的扩大，居民的私人空间逐渐瓦解，电子手段逐渐用于代替非正式的社会控制，数据挖掘逐渐成为商业竞争中的重要着力点。大数据在被过度采集过程中带来了诸多问题，其中最突出的便是数据隐私安全。2022 年 8 月 26 日，工业和信息化部发布《关于侵害用户权益行为的 App 通报（2022 年第 5 批，总第 25 批）》，对群众关注的酒店餐饮类、未成年人应用类等移动互联网应用程序（App）及第三方软件开发工具包（SDK）进行检查，对发现存在侵害用户权益行为的共 227 款 App（SDK）提出整改要求。中国消费者协会的测评报告也显示，智慧应用软件存在对外提供个人信息时不单独告知并征得用户同意，未明确告知用户如何更正个人信息和撤回同意等情况。

随着中国智慧城市建设的逐步推进，如何平衡公共监控以及数据隐私成为一个亟须破解的难题。

2. 大数据加密的欠缺

虽然人们可以对存储数据与传输数据进行加密，使数据可以处于无用且不可读状态，进而避免数据在未经授权的情况下被恶意访问、修改、泄露，从而进一步达到保护隐私的目的。但是通过大数据加密处理来保证数据机密性会丧失数据的灵活性和降低数据的处理效率，会打破数据可用性和机密性之间的平衡。

一方面，智慧城市需要对巨量数据析取有价值的信息，从而挖掘出大数据的社会经济价值，最后促进城市的发展进步。而智慧城市的建设应用，也推动互联网时代向大数据时代的转变。作为大数据应用最广泛的智慧城市，其数据种类繁多、数据量巨大、增长迅速。另一方面，解决巨量数据密钥的分发，进而为智慧城市应用程序提供弹性和可扩展的隐私保护方案，是构建基于完备的去中心化身份认证体系，满足用户保护核心重要数据的安全前提。然而，目前相应的区块链隐私保护方案、分布式加密方案等尚处于理论研究和试点认证阶段。

此外，让每个人拥有自我数据主权，也许会抑制数据共享化或导致数据资产化，这样就难以充分利用大数据的优势，所以当务之急还是需要找到数据流通和隐私保护之间的平衡点以及数据风险的解决方案。从整体来看，在大数据环境下，智慧城市中数据的交互性和开放性突破了组织和系统的界限，产生跨系统的访问或多方数据汇聚进行的联合运算。加上大数据应用体系的混杂和广泛，频繁的数据交换共享促使数据流动路径变得交错复杂，数据不再是从一开始产生到最终销毁的单向流动，而会从一个数据控制者流向另一个控制者。这样，数据溯源中数据标记的可信性、数据加密的有效性、数据标记与数据内容之间捆绑的安全性等议题和问题更加凸显。

3. 大数据交互的泛滥

现如今，物联网是城市规划、城市建设、城市治理的基础架构，5G、Wi-Fi、蓝牙、ZigBee、6LoWPAN、Wi Max 等技术不断与物联网连接，以便智能设备之间的通信。城市运行通过使用各种数据流的交互来消解信息孤岛，支持各个模块的开放共享，从而提供更为智慧化和精细化的治理和服务方式。在数字化时代，人们的衣食住行几乎难以离开信息技术和智能移动设备，人们享受着各种技术发展带来的便利的同时，也被数字技术的负面影响所俘获。

根据 2020 年工业和信息化部发布的《关于工业大数据发展的指导意见》(工信部信发〔2020〕67 号)显示的信息可知，工业数据已成为黑客攻击的重点目标，我国 34% 的联网工业设备存在高危漏洞，这些设备的厂商、型号、参数等信息长期遭恶意窥探，仅在 2019 年上半年这类事件就高达 5000 多万起。"物物"互联与"物物"有别始终处于此消彼长的冲突状态，"物物"的高度互联造成数据交互的泛滥，大数据的多源异构特征使得有效跟踪和保护数据流变得困难，也让数据二次使用、数据勒索、数据窃取、黑客攻击、僵尸程序、恶意软件感染等恶意和非法行为更难以预测和监管。

而伴随着智慧城市中更多的设备连入物联网，大量数据的交互使数据隐私保护工作更为艰难。2021 年 7 月 21 日，国家互联网应急中心发布的《2020 年中国互联网网络安全报告》显示，2020 年捕获恶意程序样本数量超 4200 万个，日均传播次数为 482 万余次，全年累计监测发现个人信息非法售卖事件 203 起，其中，银行、证券、保险相关行业用户个人信息遭非法售卖的事件占比较高，约占数据非法交易事件总数的 40%。我国公民个人信息未脱敏展示与非法售卖情况较为严重，在政务公开、招考公示等平台未脱敏展示公民个人信息事件 107 起，涉及未脱敏个人信息近 10 万条。2022 年 7 月，IBM Security 发布的《2022 年数据泄露成本报告》揭示，2022 年数据泄露事件给企业和组织造成的经济损失和影响力度达到前所未有的水平，单个数据泄露事件给来自全球的受访组织造成平均高达 435 万美元的损失，创下该年度报告发布 17 年以来的最高纪录。报告分析，全球数据泄露成本相比 2020 年所报告的 386 万美元攀升了 12.7%，不仅如此，数据泄露事件可能是导致企业商品和服务成本上涨的因素之一。可见，物联网在提升数据交互效率的同时，对于频繁的数据交互也带来了严重的数据隐私问题。物联网在提升数据交互效率的同时，过于频繁的数据交互也带来了严重的数据隐私问题。

4. 大数据对隐私的侵犯

大数据时代下的城市管理，通过针对选定数据子集进行开放访问从而得以开发大量智慧服务，这样所带来的便捷性和高效性是显而易见的，但其存在的数据隐私安全问题也同样不容忽视[24]。

首先，在大数据环境下，城市中存在着巨量、多形式、多数据源、多类型的数据，这些数据通常是非结构化和动态变化的。个体与团体的数据分布发散且广泛，在数据集之间的关联性和交互性大大增强的情况下，数据集之间的融合也会存在相应的数据隐私泄露风险。大数据自身的融合性与整合性使得大数据时代中隐私权利的保护逐渐溢出传统的"私域"并向"公域"延伸，隐私保护的整体性使公民丧失了数据保护的主权，最终陷于隐私保护的被动地位。其次，大数据时代的高度开放、交互共享的数据环境，不仅仅难以有效跟踪和控制数据流，数据链条的冗长也让大数据隐私保护变得更为脆弱，公民的身份隐私、身体隐私、空间隐私、搜索隐私、位置和移动隐私、通信隐私和交易隐私等已无处安放。换句话说，开放互联与隐私保护始终是一对矛盾体，城市中数据之间的联系越紧密，数据隐私的风险就越大，因为这意味着隐私保护的链条和节点越多。最后，通过挖掘和利用数据的高收益性加剧数字及数据业务的深度开发，数据以更为隐蔽、不透明、规避法律和监管的方式被收集利用，并以此作为降低经营和运营成本的手段。

显然，城市中的应用场景已将大数据隐私风险范围拓展到政府部门之外，公民的数据隐私素质及意识、企业数据挖掘及使用规范、智能设备与产品的安全标准等成为影响数据隐私保护的重要因素。概而言之，大数据隐私保护范围更广，隐私风险点更多，隐私侵犯的可及性也进一步增强，传统的数据隐私保护策略已难以适应。

4.4 结　　语

基于对城市与数据的认识与理解，我们认为，城市是数据的主要来源载体，数据赋能激活城市活力，二者是相互依存、相辅相成的。以此，我们探讨城市治理与数据科学之间的关系，通过种种社会现象我们看到了城市的友好发展有赖于数据科学的实践，数据科学正在或长期成为城市的"智慧大脑"，为城市治理提供决策依据，我们将这种关系总结为互促共进。同时，在这种关系下，数据科学在城市治理的实践中存在一定的挑战，我们一直希望且呼吁政府之间的协调治理与数据共享开放，却又囿于数据孤岛、数据质量、隐私权利等方面的挑战，但好在我们清楚地知道造成这些困扰的原因所在，我们也将期待数据科学在城市治理中的未来。

本章参考文献

[1] 朱晨光. 基于复杂适应系统理论的韧性城市建设策略研究[J]. 中国物价，2022（3）：40-43.

[2] 雅各布斯. 美国大城市的死与生[M]. 金衡山，译. 江苏：译林出版社，2020.

[3] 宋冬林，孙尚斌，范欣. 数据在我国当代经济领域发挥作用的政治经济

学分析[J]. 学术交流，2021（10）：60-77.

[4] 张诗雨. 发达国家城市治理的标准与模式：国外城市治理经验研究之一[J]. 中国发展观察，2015（2）：88-91.

[5] 刘太刚. 需求溢出理论与公共管理学基础理论的构建[J]. 北京行政学院学报，2012（3）：35-40.

[6] 刘太刚. 对传统公共物品理论的破与立：兼论后公共物品时代的政府职能定位理论[J]. 北京行政学院学报，2011（3）：12-17.

[7] 张驰，刘太刚. 居民需求层次下的分层治理：城市治理的新视角[J]. 城市发展研究，2020，27（11）：78.

[8] 牛强，朱玉蓉，姜祎笑，等. 城市活动的线上线下化趋势、特征和对城市的影响[J]. 城市发展研究，2021，28（12）：45-54.

[9] 丁慧敏. 数字经济发展对产业结构升级的影响探究[J]. 上海商业，2022（2）：53-55.

[10] 张云婷，赵嘉. 新职业，新生活[J]. 第一财经. 2020（1）：109-110.

[11] 陈文. 政务服务"信息孤岛"现象的成因与消解[J]. 中国行政管理，2016（7）：10.

[12] 张志彬. 公众参与、监管信息公开与城市环境治理：基于35个重点城市的面板数据分析[J]. 财经理论与实践，2021（1）：109-116.

[13] 王倩倩. 基于群体智慧的政务信息管理模式研究[J]. 兰台世界（上旬），2015（S1）：18-20.

[14] 陈君. 基于群体智慧理论的协同标注行为机理研究[D]. 武汉：华中师范大学，2018.

[15] 李卓雅. 大数据使用影响政府决策质量的实证研究[D]. 成都：电子科技大学，2021.

[16] 凯莱赫，蒂尔尼. 人人可懂的数据科学[M]. 张世武，黄元勋，译. 北京：机械工业出版社，2019：105.

[17] 李哲雅. 大数据时代公民隐私权利保护问题研究[D]. 北京：华北电力大学，2021.

[18] 陈良斌. 技术变革时代城市治理中的大数据应用及其哲学反思[J]. 江海学刊，2021（2）：144-150.

[19] 徐超. 马克思技术哲学思想形成与发展研究[D]. 南京：南京师范大学，2021.

[20] 金昱彤. 城市社区治理创新：结构挑战与策略选择[J]. 中共南京市委

党校学报，2018（4）：59-65.

[21] 何增科. 怎么理解国家治理及其现代化[J]. 时事报告，2014（1）：20-21.

[22] 任博. 变革与创新：中国快速城镇化进程中的城市治理困境及其破解之道[J]. 内蒙古大学学报（哲学社会科学版），2019（6）：29-36.

[23] 文晓波，曹成刚. 新生代农民工城市融入的制度困境研究——基于新制度经济学制度变迁理论[J]. 求实，2014（8）：49-54.

[24] 盖宏伟，牛朝文. 大数据背景下智慧城市数据隐私保护策略研究[J]. 江汉大学学报（社会科学版），2022（2）：38-49.

第5章
城市治理的未来

　　运维大数据、云计算、区块链、人工智能等前沿技术推动城市管理手段、管理模式、管理理念创新，从数据化到智能化再到智慧化，让城市更聪明一些、更智慧一些，是推动城市治理体系和治理能力现代化的必由之路，前景广阔。

　　　　　　　　——2020年3月31日，习近平在浙江考察时的讲话

　　城市治理作为城市管理理论的重要分支，是全球化、信息化、智能化和数字化的产物，对于推动城市可持续发展具有非常远大且重要的意义。以往的城市管理模式注重政府在城市自身建设发展过程中，由顶层发起的支配控制作用。城市治理则强调通过政府职能和管理方式转变，实现城市各类相关利益者对城市发展的全面参与；强调通过形成合力来促进城市和竞争力的不断提升，并最终形成多元的治理体系，共同推进城市的发展。近年来，随着城市化的高速演进，城市治理的地位越来越重要。传统的社区治理模式已经难以适应社会高速发展的需求，重构未来社区的治理模式，对于当前城市治理现代化十分重要，也必然是城市治理未来的重要发展方向。

　　"国家治理体系和治理能力现代化"这个重大命题在党的十八届三中全会首次提出；党的十九大提出了分两个阶段实现国家治理体系和治理能力现代化的目标；十九届四中全会对国家治理体系和治理能力现代化进行全面部署，从整体制定了国家治理现代化的发展战略。"十四五"规划，在百年未有之大变局的时代关键点、"两个一百年"奋斗目标的历史交汇点，为全面建设社会主义现代化国家绘制了宏伟蓝图，也为城市现代化的未来实践明确了方向：以人民性作为城市治理的价值原点，以智能化作为城市治理的助推力量，以高质量发展作为城市治理的内涵要求。"十四五"规划提出的"十四五"时期经济社会发展主要目标之一国家治理效能得到新提升，就包含了国家行政体系更加完善，政府作用更好发挥，行政效率和公信力显著提升，社会治理特别是基层治理水平明显提高，防范化解重大风险体制机制不断健全，突发公共事件应急能力显著增强等内容。

　　国家治理体系与治理能力现代化包含了众多子系统，需要各个子系统之间协同配合，城市治理就是重要的子系统之一。城市治理作为国家治理的不可或缺的重要组成部分，其现代化水平决定着一个城市的经济水平、基础设施建设水平以及居民的生活品质，也影响着国家治理现代化的水平。因此，推进国家治理体系与治理能力的现代化，应先推进城市的治理体系与治理能力的现代化，通过城市管理模式的不断创新，促进国家治理体系和治理能力现代化持续提升。以构建新型智慧城市为抓手，推进城市治理智慧化转型，以数据为基础的城市精细化治理必定是城市治理的重要发展方向。此外，尽快构建优化城市治理状况的评估机制，也能帮助选择更加有效的城市治理方案。

5.1 城市智慧治理

我国城市治理主体结构是"一核多元","一核"就是中国共产党的领导，"多元"包括政府、社区自治类组织、社会组织、企业和城市居民等主体。治理主体的日渐多元化既能降低政府推进城市治理工作的压力，也能帮助节省政府体系的治理资源。在多元主体参与的城市治理进程中，多方协同和积极合作也是新时期城市治理的显著特征[1]124。随着社会的高速发展，广大人民群众对治理成效的诉求不断增加并愈发呈现个性化差异，这使得作为城市主要管理力量的政府，需要持续加强与服务对象之间的沟通交流，继而开展更具针对性的治理活动。在此过程中，政府需要充分发挥联结引导作用，努力和社会组织、公众保持密切联系，并进行有效的协商合作，最终共同完成城市治理各种任务。

在科学总结新中国成立 70 年来城市治理变迁进程和治理经验的基础上，可以全面思考整体优化新时代城市治理的未来走向。既要快速回应时代诉求，积极推进城市治理向数字化和智能化方向迈进，深度开展"放管服"改革，持续优化城市治理环境，也要不断提升多元主体间的协同治理水平，同时加速实现城乡治理的高度融合。

从学术层面来讲，城市智慧治理的实践是沿着城市治理创新和城市治理精细化的路径前进的。就城市治理的概念而言，有广义和狭义之分。从广义上来说，城市治理是指基于城市的空间概念出发，为了谋求经济、社会、生态、发展等方面的可持续性，对城市的资本、土地、劳动力、技术、数据等生产要素进行整合，以实现城市空间内的协调发展。而狭义的城市治理则是指城市空间内的政府、市场、社团和个体，以生存和发展为目标，在平等的基础上形成多主体参与的治理体系，共同解决城市面临的公共问题，增进城市公共利益，促进城市健康可持续发展。基于城市治理的概念可以得出这样一个结论：城市治理是对原有城市政府单一主体市政管理模式的升华，并通过相关实践形成新的治理路径。

随着云计算、大数据、物联网、人工智能、区块链、5G 等新一代信息技术与城市治理体系深度融合，尤其是理论探索的逐步深入和实践应用场景的日益丰富，我国正在迈入智慧治理新时代。智慧治理作为推动智慧社会、智慧城市发展的主要实现路径，是全球治理理念在实践领域的深化革新，是数据技术赋能高质量政府治理的现实导向。作为一种创新的治理模式，智慧治理已经成为推进国家治理体系和治理能力现代化的核心驱动力。2022 年，城市智慧治理的实现思路也正是沿着城市治理创新的方向在高速演进。

5.1.1 城市智慧治理面临的现实挑战

城市治理现代化是一个永恒的话题，也是现代文明十分重要的一个领域。在信息技术广泛运用于城市治理后，更是如此。在数字时代的当下，提升城市的数字治理能力，无疑是城市治理走向现代化最为关键的一环。如何在新的条件下，加大改革力度，合理整合资源，提升城市治理能力，依然面临许多瓶颈问题，亟待解决。而近年来新型智慧城市建设浪潮的一再涌现，正是解决此类问题的有效实践。自然，实践中也有若干不可忽视的现实问题。

1. 数据融合共享程度不够对大数据管理的挑战

数据融合是新型智慧城市建设的关键内容，很多城市已开展数据融合方面的工作。但面对突然爆发的城市公共应急事件，我们会发现数据融合互通依然是症结所在，离理想中的城市数据融合还有很长的路要走。举个典型的例子，目前对人员位置、流动轨迹最有效的监控方式就是利用运营商的手机信令数据，但运营商数据分散在相关市场主体手中，尚未有全国层面的集成应用。此外，尚未与城市视频数据、交通数据、金融数据、社区（园区）数据等形成有效结合，难以实现人员全时空行动轨迹溯源，未充分发挥出数据在城市公共应急事件中的监测、追踪、管控、恢复等环节的作用。与人员数据类似，其他相关数据也分散在城市各个领域由各市场主体掌控，要释放出真正的大数据价值，就需要各方通过一定的数据共享机制打破壁垒，推动数据真正融合，助力城市智慧治理。

2. 基层治理信息化支撑不足对城市最小单位治理的挑战

突发公共卫生事件，给城市基层治理带来了前所未有的挑战。在事件处置期间，居家隔离、复工复产、有效防护等具体要求使得基层社区、园区、楼宇成为突发公共卫生事件管控的关键区域。但在基层社区、企业园区、办公楼宇等微单元防控工作中，大多仍然是采用人员拉网式摸排、手工登记、手动测温等传统"人海战术"。同时，对特定隔离人员（在家、隔离点等）、居家老人的监控，也缺少信息化手段支持。这些方式非常容易导致信息收集不全面、动向掌握不准确、隐患发现不及时，甚至有可能出现居民故意隐瞒行程和病情的情况。总体来看，基层微单元基础信息自动实时采集分析、日常综合监管、配套服务能力等方面都需要信息化手段提供更深度、更定制化的支撑。

3. 数字化管理能力的差距对资源协同管理的挑战

在突发公共卫生事件处置中，医疗人员、医疗和生活物资成为防疫抗疫工作的关键，但诸如物资运输与仓储信息不透明、物资分配不合理、运力不足等问题也不断暴露出来。从宏观上看，由于缺少专业化统一的应急物资管理平台，无法掌握全部资源信息，跨域的物资采购、运输、流通等无法实现全流程、透明化管理。从微观上看，与应急物资相关的医疗机构、药店、物资生产商、商业零售等尚未全部纳入信息管理范围，无法彻底掌握物资供给信息，不能更好地对接公众对应急资源的需求。这些都需要对应急资源管理进行深度数字化变革，加速推动相关生产、物流、交通、销售等环节的信息化支撑能力，并实现以资源为核心的多维信息和数据的互通。

4. 公共服务线上的发展滞后对政府公共服务的挑战

在国家大力推动"放管服"改革的背景下，各地政府大力推行"一网通办""不见面审批""掌上办"等政务服务。在疫情防控的应用中，在线政务服务成为切断疫情线下传播的重要方式，确保疫情防控期间工作"不打烊"，服务"不断档"。但也应该看到，全国范围内政务服务仍然存在数字鸿沟，像是广东、浙江、江苏这些政务信息化建设比较好的省份，在线政务服务仍然以高频需求服务为主，即使在线服务比例在不断提高，但仍存在线下办事的要求，而其他政务服务信息化能力相对不足的省份，尚不能满足高频服务在线化需求，大量的线下办事，也提高了感染风险。此次疫情或将加快数字政府建设进度和政府治理模式的进一步转型，倒逼"互联网+政务服务"的加速布局。

5.1.2 城市智慧治理的发展趋势

科学技术的发展与升级促使城市治理加速从数字化到智能化再向智慧化发展，实现从问题式治理向预防式治理转变[2]。智慧治理的最初形态表现为对城市的数字化管理，对各类城市违法行为进行督查，对各类案件进行处置，旨在提升管理监察效率，不断扩大管理覆盖的范围。随着政务公开的不断推进，政府管理与居民需求的不断磨合，促使政府职能发生转变，服务的概念不断深化，数字化管理被赋予了更多的服务内涵，演进成为新的智慧治理模式。智慧服务成为新的建设重点，这也是目前智慧治理的新理念和前沿趋势。所以，人本化、复合化、法治化、协调化将是城市智慧化未来发展的必然趋势。

1. 人本化

智慧治理应秉承"以人民为中心"的核心理念,将"以人为本"作为发展的基础要义。智慧化手段在运用过程中能够相对高效地发现城市问题,是实现治理目标、提升治理效能的工具,但绝非治理的最终目的。具有公共性的城市问题往往与市场的负外部性具有密切联系,会影响资源配置过程中的公平性,这直接关系到人民群众的福祉。因此,构建"以人民为中心"的智慧治理体系是保障人民利益、维护社会公平的制度基础。

2. 复合化

推动跨部门、跨层级、跨行业的数据互通共享,未来城市智慧治理的一个重要趋势是复合化。复合化是指通过共建多维度的基础数据库,将城市治理的各个领域综合起来,同时整合不同部门间从事类似工作的劳动力,实现工作人员结构的精减与办事效率的提升。复合化之所以势在必行,是因为这是降低政府治理成本、推进治理体系和治理能力现代化的必然要求。

3. 法治化

随着智慧治理的不断建设与推广,为了进一步保障治理数据的互联互通与综合利用,同时进一步保障信息安全,智慧治理立法应提上日程。

4. 协同化

当前的智慧治理虽然有多元的参与主体,但多主体间的互动较少,大多停留在政府部门与地方核心国企之间的合作。因此,智慧治理的重心应逐渐向下转移,实现治理主体的多元参与,政府搭架、企业参与、群众监督的协同化模式将成为趋势[3]。

5.1.3 城市智慧治理的实施路径

1. 城市治理积极迈向数字化和智能化

城市治理只有适应时代环境,积极回应时代诉求,才能推进高质量的治理活动。随着互联网技术的深度应用,人类社会已处于大数据时代,这也为优化城市治理创造了良好机遇。具体来说,城市治理应该积极迈向数字化和智能化,并加速开展智慧城市建设。随着理论探索、技术革新的深入,智慧城市被认为是一种以环境、人和技术的综合性、可持续的方式来设计,政府、企业、社会组织以及市民等利益相关主体共同参与的智慧治理。为了更好地开展智慧城市建设，城市政府需要从以下两个方面着手：一方面，政府应该做好智能化城市建设的顶层设计，并科学制定"一揽子"制度。面对各种新型的科学技术，城市政府应该积极借鉴并大胆应用到治理进程中。为此，城市政府需要科学谋划、整体设计智慧城市的建设路径，并善于将各种创新性的治理活动通过制度化手段固定下来，继而实现持续性的效益。另一方面，政府也要做好智能化城市治理的试点探索工作，大面积使用先进技术可能会带来较大风险，因而必须进行必要的试点。在试验基础上，科学甄别智能化创新工作的不当之处和各种漏洞，并在后续治理进程中予以有效规避。此外，在应用新型科技创新城市治理工作时，也要遵守必要的边界约束，谨防城市治理变为"脱缰的野马"。

2. 深度开展"放管服"改革

为了实现更高质量的城市治理，理应持续推进治理变革行动，为优化城市治理工作提供良好的治理环境。目前，提升城市治理水平必然要求深度开展城市"放管服"改革。第一，城市政府应该持续变革治理思维，积极培育稳定有效的治理习惯。部分城市的政府受困于传统的管控思维影响，所开展的治理活动仍旧较为迟滞，难以充分满足和及时回应社会公众的治理诉求，使得城市治理所面临的环境较为严峻。为此，只有真正打破陈旧的官僚式管理思维，才能实现城市管理向城市治理的有效转变。第二，城市政府应该进一步开放其他主体可以参与的治理领域。虽然，多元治理主体参与城市治理已经成为一种常态现象，但总的来看，政府之外的其他主体所能参与的城市治理工作范畴仍旧相对较小，这很难完全发挥多元治理主体的价值作用。城市政府需要结合当地实际情况，并在科学评估其他主体治理能力后，持续地开放更大的城市治理工作范围。第三，在城市治理变革进程中，城市政府应该更加聚焦公共服务供给，努力为社会组织和公众提供更多质优价廉的公共服务与产品。因而，城市政府也需要积极让渡自身所不擅长的公共服务生产职能，这也能为其他治理主体参与城市治理提供更多机会。

3. 提升多元主体之间的协同治理水平

积极壮大行动者联盟，有效增强多元主体之间的协同性，能为优化城市治理工作提供坚实的基础。2022 年，城市治理工作高度依赖包括政府在内的多元治理主体，这已经成为多数城市发展的基本共识。在此共识的基础上，急需科学提升多元主体之间的协同治理水平。其一，城市政府应该为多元主体开展协同治理提供相应的协商合作平台。城市政府仍然是城市治理工作的主导者，也应积极发挥引导其他治理主体的重要作用。因而，城市政府需要积极构建协商合作平台，这不仅有利于城市政府及时发布治理任务，也能够为多元主体进行协商提供平台。具体说来，建议城市政府既要设置互联网协商沟通平台，也要构建线下协商机制，这样便于多元治理主体之间开展更加有效的面对面的沟通交流。其二，城市政府应该适时对具有代表性的社会组织负责人和公众进行教育培训，不断提高他们的协同治理能力。而且，在此过程中，还能有效统一多元治理主体之间的城市治理思想和理念。总之，借助多元治理主体间的协同治理，不仅能够有效壮大城市治理的行动力量，还能不断夯实城市治理的群众基础。

4. 实现城乡治理的高度融合

2022 年，我国进入了城乡融合发展的关键时期，城市治理工作也要积极顺应时代需要，并努力服务城乡治理的高度融合。总的看来，实现真正公平公正的城乡融合发展，其根本途径就是加快新型城镇化下城乡融合发展建设，而加快新型城镇化下城乡融合发展建设的一个关键性任务就是迅速建立起一个适应新型城镇化下城乡融合发展的社会治理体系。为此，优化城市治理工作时也要关注如何实现城乡治理的融合问题。一方面，在优化城市治理时需要适当关注城乡融合的硬约束。为了助推乡村振兴和城乡融合，在城市治理中需要避免出现阻碍城乡融合的治理举措，也需要坚决制止影响城乡融合的治理活动。也就是说，判定城市治理行为是否有效的重要标准是治理工作是否有利于促进城乡融合。另一方面，城市政府也要及时将城市治理的成功经验反馈给乡（镇）政府，进而为乡村发展和城乡融合提供更多治理对策和行动指南。

5. 构建高效的评估机制

在积极优化城市治理工作时，也需积极构建完整的评估机制，科学诊断城市治理的效能状况。正如社会公众的治理诉求是城市治理的动力来源一样，治理效果如何也需得到社会公众的及时检验，这也有助于发现治理工作中的不足，及时纠正城市治理的错误和不当做法。具体说来，第一，需要积极构建"前—中—后"的系统评估机制。在城市治理工作开展前，需要初步评估制定的治理方案是否科学有效。在治理进程中，需关注治理资源配置是否合理和治理主体行动是否积极等内容。在城市治理工作完成后，要及时审查城市治理是否实现既定的治理目标。只有对城市治理工作进行全面性评估，才能真正优化提升城市治理工作的实际效能。第二，城市政府需要结合治理任务，积极建立科学有效的评估指标体系。在此过程中，城市政府需要在明确评估原则的基础上，科学选择评估选项，通过例如专家打分等行之有效的方式方法明确不同选项所占的权重，最终构建一套完整的治理绩效评估指标体系。第三，为了确保城市治理评估的公正客观性，也可以尝试邀请第三方机构对城市治理工作进行全面评估。总之，对城市治理进行科学评估，不仅能够反思现有治理工作的具体效果，还能为优化城市治理指明方向。

5.2　以数据为基础的精细化智慧治理

所谓城市精细化治理，就是指以科学管理为基础，以精细化操作为特征，致力于降低城市运行成本，提高城市整体效率的一种管理方式[1]81。结合我国城市发展历程和城市治理方式的演进路线来看，城市越向超大型发展，愈发需要精细化治理。城市越需要提升在全球层面的竞争力、影响力和吸引力，就愈发需要精细化治理。随着经济社会的高速发展，截至 2020 年，我国已经出现上海、北京、深圳、重庆、广州、成都、天津等 7 个城区常住人口 1000 万以上的超大城市①。超大城市人口密度超高、治理结构复杂、运作机制多样，尤其是密集性、连锁性和叠加性的特征对超大城市的精细化治理提出了更高的要求。具体来说，落实民生公共服务，正向做加法；政府非法定职能的方向做减法，运用市场化的力量推动相关工作；充分发挥大数据的作用不断做乘法；运用除法思维找到政府和社会在城市共治的最大公约数。

新一代信息技术的运用，给超大城市精细化治理带来了持续的挑战，同时也给城市政府提升治理效能带来了更多的可能。新技术的应用可以通过信息精准推送、营造热点话题等方式迅速将城市信息放大，增加城市集体无意识风险发生的概率。但如果建立起权威高效信息发布渠道，城市政府掌握了足够丰富的信息，就可以将城市的信息服务进行有效扩散，并在此基础上实现对城市发展的总体引领。

近些年，随着人工智能时代的来临，城市精细化的治理也出现了两个误区。一是认为城市精细化治理就是依靠新技术、新手段的精准管理。但新技术也有局限性，大数据的应用也要服务于城市的管理需要。实践中大张旗鼓、全面开花的城市智能管理技术往往投入巨大而成效不足，由此造成财政资源的巨大浪费。二是认为城市精细化治理就是以人民为中心的城市公共服务的完备完善，只要加大公共服务资源投入即可解决问题。实际上，城市精细化治理也有其承载力的边界。在有限资源的约束下，如何最优地发挥资源投入成效也是在实践

① 数据来源：由中华人民共和国国务院第七次全国人口普查领导小组办公室编制的《2020 中国人口普查分县资料》。

中不得不考虑的问题。

简而言之，在城市精细化治理的演进过程中，瞄准城市治理问题的核心症结所在，在重构政府、机构、社会个体相互连接的过程中，寻求更多、更有效的治理工具。

5.2.1　数据视角下城市智慧治理需关注的问题

数据视角下智慧治理需要关注以下问题。

1. 数据需要贪多求全吗

数据作为一种新兴的生产要素[4]，在提升决策质量层面其价值来自减少人类对于外界认识的不确定性。数据为决策服务，其价值来自对于知识、技术、管理等其他生产要素的质量改进。可以说，数据要素并不能直接进入生产过程，其价值派生于其他要素。从这一角度看，虽然大数据的运用是智慧治理的前提，但是我们不应只关注收集更多更高维度的海量数据，而更应关注如何使数据本身有效发挥作用。

从决策的角度看，数据归集也并非越多越好。这与数据收集的成本是否非常低廉、数据要素本身是否具有规模经济性无关，只与决策任务本身的收益成本权衡有关。智慧治理中数据的收集与治理任务、决策的性质息息相关，需要基于应用情境进行成本-收益分析，决定数据收集的边界。

在数据收集和使用中，我们不能仅仅从政府部门或者工作人员的成本-收益角度"算账"，而应该综合全局"算总账"。因此，在智慧治理中也应该基于具体的环境确定有限的治理目标和任务，对于个人信息的采集进行整体统筹、严加把控、分类管理，减少数据的重复采集，不但要让群众"少跑路"，也要让群众的信息"少跑路"。

2. 政府在数据运用中的角色

根据数据生产者与拥有者的关系将数据主要应用分为三类场景：数据产生于生产活动、数据产生于整体性的社会活动、数据产生于个别用户的行动。政府在其中可以产生不同作用。当数据产生于生产活动，数据运行通过降低成本创造价值。这些数据对于其他市场主体可能具有潜在价值，智慧治理中如果也需要这些数据，那么政府应该给予这类企业足够的激励以促使其在满足相关法律法规的前提下共享数据，降低公共事务成本。当数据产生于整体性的社会活动，数据运行通过提升效率产生价值。这类场景中的数据具有极强的公共属性，最具有创造社会价值的潜力。政府应该主动参与其中，在数据的收集、存储和加工处理中发挥主导作用，建设高效开放的数据基础设施，并鼓励基于此类开放数据进行应用创新探索，从而提升公共事务效率。当数据产生于个别用户的行动，数据通过优化服务对象的体验从而创造价值。在这类场景的智慧治理中，应该区分数据的获取渠道，确保数据采集的合法性、合格性，坚决打击非法、超范围采集数据的行为。政府应当在严格监管的前提下，积极引入多元主体参与，在政府监管之外形成社会的监督体制，以优化公共事务体验。

3. 人工智能在智慧治理中的应用局限

从静态效率看，人工智能的基础是数据和算法，依托掌握在政府部门内部的大量数据资源和云计算提供的超强的计算能力的支撑，人工智能通过深度学习可以从海量政务大数据中挖掘出宝贵的知识。相比于具有经验式、随意性、非定量等特征的传统决策模式，人工智能的效率更高，更可适应新时代科学决策的新需求。从动态效率来看，人工智能的前景未必非常乐观。在算法的应用过程中，基于已有数据训练模型并不能完全避免人为的偏见、误解和偏爱，社会公平和公正也因此会受到影响。而且深度学习的算法在很大程度上还是"黑箱"，而法治需要规则的透明性和确定性，算法的这一决策特征与法治要求不相符合。人工智能似乎可以发掘更多的数据，从而帮助公共部门的决策者更快地学习。实践中算法也在不断迭代升级，这就涉及谁来对算法进行改进。在智慧治理中，人工智能应用的开发者一般不是政府部门工作人员，而是"乙方"，如果使用者和开发者之间缺乏有效沟通，算法就可能会持续输出错误结果。虽然人工智能出错概率可能较人为决策更低，但是仍然有出错的可能。那么，一旦出错应该向谁问责？值得注意的是，企业与政府的关系是合同关系，承担的是有限责任，因此行政体制内部的问责逻辑往往难以扩展到企业层面。这种治理主体的"权责失当"给社会带来了较大风险。

现有的人工智能政务服务应用都是基于已有数据进行训练，而这些数据本身是对社会成员行为的数字化测量。并非所有的与决策相关的行为都可以被合理量化，同时日常生活中存在大量反常和意外。基于观察到的有限的个体行为数据对其他个体采取行动，很容易产生小样本偏差。而且如果人工智能成为决策工具，在某种程度上，更方便了一些社会成员针对算法的要求改变自己未来的行为，"投其所好"以期获得有利于自己的结果，甚至干脆采取行动避免自己的行为被监控和测量。[5]

5.2.2　数据视角下智慧城市建设的重点

近年来，重大公共卫生事件突发的情况不少。在此情况下，智慧城市承担起应对重大突发事件的关键角色。从长期来看，重大公共卫生事件的处置加速了智慧城市的升级，也给智慧城市下一步如何更好地建设带来更多启示，今后智慧城市建设重点应围绕以下三方面推进。

1. 全力打造高质量"数字政府"，提升城市应急管理能力

重大公共卫生突发事件对政府应急和治理能力提出了严峻考验，面对政务服务便捷化、信息公开透明化、基层治理精细化等需求，打造高质量服务型的"数字政府"成为根本途径。政府应当进一步强化治理创新与技术创新的结合，深度提升政府公共服务能力和效率，重视大数据、人工智能、区块链、5G等新一代信息技术在应对突发事件工作中的创新应用，推动卫健、公安、大数据部门掌握的政府数据与运营商数据、互联网数据等深度融合协同，建立基于多维数据的城市综合应急管理系统。将区块链技术应用到应急物资管理、捐款管理等方面。加快推动政务"一网通办"、不见面审批的覆盖广度和深度，努力实现全部政务服务线上化、零接触，建立统一的政民互动入口，打造城市级的应用平台，做到应对突发事件时真正的"不打烊"，推动政府服务高效协同、信息资源流转通畅、决策支撑科学智慧、公共服务便捷高效。

2. 构建数字孪生城市，以数据融合助力城市管控

重大公共卫生突发为国内数字孪生城市建设提供了重要的发展契机。数字孪生城市可基于三维模型，实现跨区域、跨部门、跨行业高效协同的可视化城市管理模式，助力城市快速、高效、精准地应对重大突发事件。城市应加速构建城市信息模型（city information model，CIM），打造立体虚拟城市，与实体城市交互映射。将数字化治理作为提升城市治理能力、重塑城市管理模式的一种新思路。依托城市数字孪生平台，围绕应急事件数据分析、人员监控、资源保障等方面，集成融合城市公安、交通、城管、卫健、园区（社区）等城市全口径大数据，推动城市数据资源的共享、共用、处理和分析，在数字空间刻画城市突发应急事件体征、推演未来趋势，充分挖掘大数据价值，辅助支撑城市应急智能化决策，有效提升城市的应急响应和处理能力。

3. 提升智慧城市微单元的精细治理能力

重大公共卫生突发带来的居家隔离、复工防护等管控要求，使得基层社区

（园区）等城市最小治理单元成为防控的关键区域，借助信息化手段加强基层精细化治理成为防控的重要举措。聚焦社区、园区、街区等微单元，基于数字孪生+网格化管理理念，打造城市微单元智能运营管理平台（IOC），打破基层部门"烟囱式"管理模式，汇聚融合社区人员数据、重点人员跟踪数据、安防数据、门禁系统数据等，及时、全面、准确地掌握所管辖区域内的基本态势，实现跨职能、跨业务的联动。同时配置健康打卡、AI监测（如体温检测、口罩检测、聚集检测）等特色防控应用，有效提升城市微单元应对诸如疫情等突发事件的管控能力，增强微单元的数字化治理能力。

5.2.3 新型智慧城市建设过程中的主要问题

新型智慧城市建设已经成为未来城市治理的重要抓手，更是城市治理现代化主要实践方式之一。通过大数据、云计算、人工智能等手段推进城市治理现代化，大城市也可以变得更"聪明"。从信息化到智能化再到智慧化，是建设智慧城市的必由之路，前景广阔。智慧城市建设涉及城市政治、经济、社会等方方面面，不可能一蹴而就。因此智慧城市建设需要统筹规划、分步实施，要着力推进跨部门、跨地域、跨层级的政务信息共享和业务联动。构建整体政府，推行"互联网+政务服务"，构建服务型政府。通过互联网促进社会组织、社会公众等的社会力量参与社会城市治理。形成社会共建共治局面，实现从城市管理到城市治理的转变，有序开放公共数据资源，深化以数据科学为代表的跨学科技术应用，促进城市治理精细化。从实际情况来看，目前我国智慧城市建设过程中还存在若干问题。

一是理论方法研究滞后于实践。智慧城市是一种新生事物，通过近些年的实践，全国成立了相当数量的智慧城市研究机构。但是城市相关理论、方法研究明显滞后于实际需求。智慧城市建设是一个复杂的系统工程，智慧城市在理论层面上属于城市信息学的学科范畴，涉及的学科包括计算机科学、信息工程、地理信息、公共管理、区域经济等多个学术领域。但目前对智慧城市的理论方法的探索研究还比较零散，没有形成有效体系。虽然国内许多大学开始尝试跨学科人才培育，但受制于复合型师资力量的短缺，短期内难以形成专业人才培养的规模效应。

二是关键技术和产品储备不足。与智慧城市密切相关的关键技术包括物联网、云计算、5G、大数据、人工智能等新一代信息技术，以及遥感、地理信息系统、卫星导航定位等空间信息技术。这些技术几乎都是欧美发达国家率先提出并持续研发的，我国与欧美发达国家相比在技术上存在不同程度的差距。我国虽然在 CPU、国产操作系统、数据库管理系统等核心技术有所突破，但离实现完全自主可控的目标还有很长一段时间。与智慧城市相关的新一代信息通信技术产业尚属于起步追赶阶段，智慧城市建设所需高端核心产品还掌握在国外厂商手中，这也给我国智慧城市建设带来了一定的安全隐患。国内虽然有一批从事智慧城市建设的 IT 厂商，但产品往往比较单一，难以提供智慧城市的整体解决方案。

三是建设管理体制尚未理顺。改革开放四十多年来，我国信息化建设管理体制虽然在不断完善，但至今还没有完全理顺。各部门之间的高效横向协调机制尤其缺乏，在国家层面，中央网信办、国家发改委、工业和信息化部、住房和城乡建设部、科技部等部委都在结合自身的职能职责推动智慧城市相关工作，但是长期缺乏一个智慧城市建设的综合牵头主管部门。智慧城市建设是区域层面的信息化，更需要有一套切实可行的横向协调机制。从全国来看，智慧城市主管部门设置情况复杂，单位名称、单位性质、行政级别、隶属关系等五花八门。有的地方成立了专门的智慧城市领导小组和办公室，有的地方将相关职能设置在大数据管理部门、工信、科技等行业主管部门，有的在政府办、发改委、"数字办"等综合协调部门。总体来说，相关政府部门在智慧城市建设上缺乏协调、联动机制。

5.2.4 新型智慧城市的发展对策

城市治理创新举措面临的关键问题是它们是否真正代表着城市发展的变革性方法，还是只是"换汤不换药"。通过新型智慧城市建设实现可持续性的发展模式正在全球范围内迅速兴起，而建设新型智慧城市要把握好体制机制、基础设施、应用创新和产业发展等四大方面的重点工作。

一是理顺智慧城市体制机制。新型智慧城市建设涉及方方面面，需要有一个强有力的统筹协调部门，统一负责智慧城市的建设规划、管理和运营等工作。为此，要理顺智慧城市管理体制机制，成立具有一定行政级别的智慧城市领导机构，负责人员配置、健全规章制度、统筹协调、组织推进和考核督导等工作，以统筹推进智慧城市建设。

二是高质量推动建设智慧城市基础设施。智慧城市基础设施建设有两个维度：其一是城市地面道路及地下管网、通信网络、交通控制系统等市政基础设施要具备智能能力。例如，智能交通系统可通过安装在路口的雷达、AI 摄像头装置等，实时监测路口的行车数量、车距以及车速，同时监测行人的数量以及外界天气状况，动态地调控交通灯的信号，提高路口车辆通行率，减少交通信号灯的空放时间，以缓解交通压力，使十字路口通行效率最大化。其二是网络、算力、数据、安全等方面的城市信息基础设施要具备智能能力。在基础网络建设方面，国家大力推动三网融合和 5G 网络普及应用，在基础算力建设方面，建设"超算中心"，推动"东数西算"工程①。在数据基础设施建设方面，建设城市大数据中心，建立以政务信息系统整合共享平台为代表的数据汇聚中心，例如，完善的自然人口基础信息库、法人基础信息库、自然资源和地理空间基础信息库、电子证照库和社会信用数据库等基础信息数据库。在安全基础设施方面建设公钥基础设施（public key infrastructure，PKI）、统一身份认证系统和异地灾备中心等。城市信息基础设施应该作为城市基础设施的一部分，纳入城市的规划建设范围。

三是积极开展智慧城市创新应用探索。利用以物联网、云计算、5G 网络、大数据、人工智能等为代表的新一代信息技术，推进数字政府、数字社会等领域的创新应用。在数字政府方面，重点围绕市场监管、应急管理、社会治理、公共服务等专项领域，加强政务信息共享和业务协同。将物联网技术应用于城市公共安全、交通、城市管理等领域，加强推动"政务云"建设，把各个城市部门的信息系统迁移到政务云平台。落实"互联网+监管"相关工作要求，运用大数据技术对市场主体实施分类分级监管，科学配置执法资源，提高市场监管水平，对市场进行精准治理。在数字社会方面，深化新一代信息技术在教育、卫生、健康、文化旅游、人力资源和社会保障、民政等领域的应用创新，促进社会事业发展。在教育方面，重点办好网络教育，促进优质教育资源共享。在卫生健康方面，推行电子病例实现健康数据共享，把大数据应用到城市居民健康状态分析、医疗资源优化配置，疫情监测预警等领域。在文化旅游方面，建设智慧图书馆、智慧博物馆、智慧文化馆等创新文化场所。推动"互联网+文化"发展，发展智慧旅游，为游客提供基于位置的一体化信息服务。在人力资源和社会保障方面，通过部门数据比对，杜绝冒领养老金等违法行为，运用大数据分析就业形式、人才结构。在民政方面，把大数据用到社会救助核对、婚

① "东数西算"工程指通过构建数据中心、云计算、大数据一体化的新型算力网络体系，将东部算力需求有序引导到西部，优化数据中心建设布局，促进东西部协同联动。2022年 2 月，在京津冀、长三角、粤港澳大湾区、成渝、内蒙古、贵州、甘肃、宁夏等 8 地启动建设国家算力枢纽节点，并规划了 10 个国家数据中心集群。

姻状况分析、社会养老服务、民政资金监管等领域，杜绝重婚等违法违规行为。

四是发展智慧城市相关产业。一个区域的信息化发展水平与当地信息通信技术（information and communications technology，ITC）产业发达程度存在一定正相关性。在建设新型智慧城市过程中，要注重培育和壮大当地云计算产业、大数据产业、人工智能产业、虚拟现实等新一代信息技术产业。把新型智慧城市建设和发展新一代信息技术产业等数字经济融合起来，以用促建，以用促业。此外，还要积极发展智慧城市教育培训和 IT 咨询等相关服务业。

5.3　加强数字政府建设，打造服务型政府

通过互联网、物联网、大数据、人工智能技术赋能城市治理，发展新型数字政府被认为是推进国家治理体系和治理能力现代化的路径之一。

"十四五"规划指出，要"将数字技术广泛应用于政府管理服务，推动政府治理流程再造和模式优化"。技术赋能城市治理是未来中国城市群发展的方向，然而高科技是把双刃剑，技术赋能城市治理的关键在于人和管理。因此，我们应当全面审视技术赋能城市群发展的新形势、新特点、新问题，积极迎接挑战，扬长避短，从而更好地实现城市战略发展目标。

2022 年 4 月 19 日，习近平主持召开中央全面深化改革委员会第二十五次会议，审议通过了《关于加强数字政府建设的指导意见》（以下简称《指导意见》），同年 6 月 23 日国务院正式印发《指导意见》。《指导意见》从数字化发展的全局视角、深化"放管服"改革的制度层面、推进国家治理体系和治理能力现代化的目标方向，对我国数字政府建设做出战略谋划和系统部署。《指导意见》指出："将数字技术广泛应用于政府管理服务，推进政府治理流程优化、模式创新和履职能力提升，构建数字化、智能化的政府运行新形态，充分发挥数字政府建设对数字经济、数字社会、数字生态的引领作用，促进经济社会高质量发展，不断增强人民群众获得感、幸福感、安全感，为推进国家治理体系和治理能力现代化提供有力支撑。"《指导意见》对各级各地政府开展数字政府建设、推进数字化改革提出了新的要求。地方政府如何开展数字政府建设，如何统筹数字化能力建设与经济社会高质量发展，显得尤为紧迫。

数字化改革不仅仅是开发应用场景，而是以数字化改革思维，全方位构建数字化发展的新生态，实现资源要素的高效配置，赋能高质量发展。数字化改革需要以数字政府建设的重点突破带动总体工作的系统推进，围绕经济调节、市场监管、民生保障、公共服务、生态环境保护等方面，以数字化技术构建泛

在可及、智慧便捷、公平普惠的数字化服务体系，统筹推进技术融合、业务融合、数据融合，提升跨层级、跨地域、跨系统、跨部门、跨业务的协同管理和服务水平。

为此，我们要准确把握数字政府建设在数字化改革中的重要作用，深刻领会数字政府的内涵要义，以数字化改革为牵引，助力政府职能转变，进一步推进数字政府建设。

作为数字中国战略的重要组成部分，数字政府建设是适应新一轮科技革命和产业变革、深刻重塑政府治理体系的必然要求；是实施网络强国战略、推进数字中国建设的基础性和先导性工程；是打造数字经济新优势、加快数字社会建设、营造良好数字生态的重要引擎；是深化"放管服"改革、创新行政管理和服务方式、建设人民满意的服务型政府的重要抓手；是推进国家治理体系和治理能力现代化的重大举措。

数字政府以构建整体性治理和透明服务型的现代政府为目标，以大数据、云计算、人工智能、物联网、区块链等新一代数字技术为支撑，以"业务数据化、数据业务化"为基础，以打造整体高效的政务运行体系、便捷普惠的在线服务体系、智慧共享的社会治理体系、公平公正的执法监管体系为建设重点，以优质完善的数据资源体系和安全集约的技术支撑体系为保障，把数字化、智能化、现代化贯穿到政府治理的体制机制、组织架构、方式流程、手段工具等全方位系统性重塑过程，通过数据、职能、业务、技术的不断融合汇聚，推动"用数据决策、用数据服务、用数据治理、用数据创新"的治理现代化进程。

基于以上对数字政府的理解，数据是数字政府建设的基石，没有坚实的数据基础，加强数字政府建设将是无源之水，无本之木。所以，数字政府，数据先行。

5.3.1 准确把握数字政府建设的关键要素

《政府工作报告（2022）》[①]中明确提出加强数字政府建设，通过多位全国人大代表以及专家学者的分析提炼，得出三个关于数字政府建设的关键词：共享、互通和便利。数据共享是提升政务服务效能的重要抓手，互联互通是政务信息化建设的主要任务，便民利企是数字政府建设的根本目标。虽然从整体上看，数字政府建设需要准确把握资源集约、技术赋能、应用支撑、业务应用、

---

① 《政府工作报告（2022）》是李克强代表国务院在第十三届全国人民代表大会第五次会议上作的政府工作报告。详见：http://www.gov.cn/premier/2022-03/12/content_5678750.htm。

精细运营和安全保障六大关键使能要素，但从本质上看，数字政府建设的核心依然是"数据"这个重要的生产要素和管理要素。

数字政府建设更强调数据利用的个性化、精准化和敏捷化，通过大数据分析、数据融合、数据共享等对数据的系统化利用，为服务对象创造更大价值，从而构建以服务对象为中心的服务型政府。也正因如此，数字政府对我国"建设服务型政府意义重大"。要充分挖掘政务数据要素的价值，建立数字政府，就必然需要加强数据治理能力，促进数据汇集，提高数据质量，畅通数据循环，为推进国家治理体系和治理能力现代化提供有力支撑。

加强数字政府建设的关键在数据。以数据汇聚为基础，构建开放共享的数据资源体系，创新数据管理机制，强化政府部门数据管理职责，转换思维，"以用促归，以用促用"提升数据源头共享的积极性；以数据治理为指导，构建协同高效的应用支撑体系，以数字化技术不断加强部门间业务协同能力，提升服务和监管效率，在保障数据安全的前提下，打通各级政府和各部门之间数据共享堵点，破除"数据孤岛"顽疾。同时，尝试探索建立行之有效的数据资产管理运营体系。截至目前，全国多地已制定公共数据开放、开发利用有关的管理办法，通过推进数据免费开放、建立数据产品合作运营模式、拓展数据平台增值服务、打造数据资产交易平台等多种方式加强公共数据的开发利用。建议采取数据授权运营的方式，构建多方参与、权责清晰、安全可控、全程监管的政府数据运营体系。持续完善政务信息资源共享平台建设，夯实政务数据供给底座，确保政务数据可靠供给。根据"谁运营、谁受益、谁治理"的原则，由数据运营服务商根据自己领域业务的需求，完成数据治理及数据产品开发，形成多方参与的数据场景运营模式。坚持数据赋能、安全可控的基本原则，加强对运营数据全生命周期和"事前事中事后"全程监管。严格数据资产开发利用，在履职范围内开展数据归集使用，认真落实数据分级分类保护制度，依法依规审慎处理个人信息，切实履行公共数据安全保护义务。

以数据要素流通为路径，构建泛在通用的共性应用支撑体系，探索数字网络环境下生产要素、政策供给和政务资源的共同属性，推进政务云、基础网络、身份认证、电子证照、电子印章等共性应用的集约化建设，最终实现加强数字政府建设之目标。

5.3.2　发挥数字政府建设的重要作用

数字政府建设需要在公共数据服务、法规制度建设、统筹推进机制、系统标准规范、信息安全保障五个方面同步发力，构建全国一盘棋、共建共享的政府信息化系统工程，建设人民满意的服务型政府。为此，可以从以下几方面为加强数字政府建设贡献力量。

1. 建立健全数字政府建设的相关制度法规

2022 年 4 月 6 日，欧洲议会批准欧盟《数据治理法案》（the Data Governance Act，DGA），旨在通过数据共享推动欧盟地区社会数字经济发展，促进数据的可用性，增加对数据共享的信任并为产品和服务的研究与创新建立可信的数据使用环境。其将作为欧洲数据战略的重要组成部分，配套建立相关保障机制，促进某些公共数据在安全受保护的前提下再利用，增加对数据中介服务的安全信任，促进整个欧盟地区的数据资源有效利用。由此，侧面反馈出制度建设和创新的重要性。

加强数字政府建设，建立健全数字政府建设相关制度法规是重要保障。通过立法规范公共数据提供主体、使用主体和管理主体间的权责关系，明确公共数据边界和范围，健全数据共享和开放制度，促进数据流动和高效应用。加强数据安全、网络安全、个人信息保护、在线政务服务等法律制度的落实与执行，进一步推动数据要素确权、政务数据共享等方面的立法工作。完善公共数据开放利用、政务数据应用监管、政务新媒体管理、电子证照、政务信息化项目规范管理等领域的制度法规。及时修订完善和清理现行法律制度中与数字政府现实需要不相适应的条款，消除制约数字政府发展的制度障碍，为数字政府建设提供法制依据，保障数字政府健康发展。

2. 持续完善数字政府建设的标准规范体系

积极发挥标准化的先导、引领、规范的作用，推进数字政府标准化工作。逐步建设我国各类层级的数字政府地方标准体系，重点推进数据开放利用、系统接口、共性支撑应用、政务服务应用、电子文件等标准制定，持续完善和修订已有关键标准，鼓励成熟的地方标准、团体标准逐步转化为国家标准。积极开展标准应用和实施，建立数字政府标准的评估验证机制，提升标准应用水平，以标准化促进数字政府建设规范化。同时，加强国家及地方标准规范的宣传解读和推广实施，开展标准实施效果评估。

3. 不断强化数字政府建设的考核评价体系

围绕数据赋能和制度重塑等要求，从"数字基础准备度""数字环境支撑度""数字服务成熟度""数据质量完整度""数字协同治理度""数字公众参与度"和"数字技术使用度"等方面构建评价指标体系，形成系统科学、多维度、可操作的评估框架。发挥审计和社会监督作用，及时回应社会关切，以惠民效果和群众评价检验数字政府建设成效。加强第三方评估、社会监督评价，开展督查检查和经验交流活动，推广数字政府典型应用，鼓励场景创新，完善容错和奖惩机制。

4. 全面提升数字政府建设的人才队伍水平

数字化意识在很大程度上影响着数字政府建设工作的推进，互联网思维跟不上、信息化知识储备不够、信息化能力不强将导致领导干部难以在业务领域开展工作。应当着力加强推动"用数据说话、用数据决策、用数据管理、用数据创新"的专业化队伍建设，为提高全省数字化治理能力做出新的更大贡献。一是将数字政府建设列入各级领导干部和公职人员学习培训内容，着力培养数字思维和数字素养，提升数字化管理能力和行政履职能力。二是鼓励各地区各部门创新信息化人才引进培养选拔激励机制，建设一支懂业务、懂技术、懂管理的复合型干部队伍，开展干部跨部门、跨地域交流。三是创新现有的职称评审体系，建立与数字政府建设相适应的技术人才职称体系，健全政府部门、学校、企业等技术型人才职业发展机制，畅通人才发展通道。四是引导高校和科研院所探索设置数字政府相关专业，培养数字政府领域专业人才。

5.4　元宇宙——城市治理探索的新途径

19 世纪"科幻小说之父"儒勒·凡尔纳①曾在其若干作品中预言了人类的月球旅行、全息投影仪、飞行器等一系列超前的应用场景。当时天马行空的想象如今早已成为现实。而当下，人类也许将见证新的科幻照进现实——元宇宙（metaverse）正从科幻小说中逐步脱胎成型。"十四五"规划中明确提出，"十四五"期间要加快建设数字经济、数字社会、数字政府，以数字化转型整体驱动生产方式、生活方式和治理方式变革。上海、武汉、合肥等地方政府也陆续出台元宇宙相关配套政策，从中可以看出，政府对元宇宙技术在城市建设，尤其是在智慧城市建设中发挥作用的重视。

2020 年习近平在杭州考察时指出，大数据、云计算、区块链、人工智能等前沿技术驱动下的智慧治理是推动城市治理体系和治理能力现代化的必由之

---

① 儒勒·凡尔纳（Jules Gabriel Verne，1828—1905），19 世纪法国小说家、剧作家及诗人。

路。从数字化到智能化再到智慧化，前沿技术与智慧治理的融合成为必然，技术成为提升城市智慧治理效能的重要手段。如何运用新技术实现城市问题的整治与预判，是城市智慧治理的新趋势。而元宇宙是现实世界的孪生形态，如何在元宇宙视域下探索城市智慧治理更是提高城市治理能力与治理水平的时代命题。

元宇宙是一项系统性工程，虽然元宇宙技术的应用仍处于萌芽阶段，但其可能会给诸多行业带来深远影响。其中，数字孪生作为元宇宙核心技术之一，是数据共生、应用共建的必要场景。我们可以通过对数字孪生体输入不同的运行及外部环境数据来模拟不同状态、环境下真实物体的发展和反应，这给智慧城市建设提供了难能可贵的实验环境和模拟参考。

元宇宙具备的虚拟性、参与性、现实性，使其有望在城市智慧治理中发挥重要作用，打破城市智慧治理困境。虚拟世界与现实世界是一种映射关系，即依据现实世界信息和社会多元数据在元宇宙中实现数字化复刻，打造出精准、动态、有利益相关方参与的虚拟世界。其中，个人是虚拟与现实之间的桥梁。个人通过虚实交互连接了虚拟城市与现实城市，打造虚拟社会实验场所，促使虚拟城市与现实城市之间动态建设与治理，实现城市智慧治理的模式创新。

5.4.1　元宇宙应用于城市治理的可行性

万物交互、虚实相融、去中心化是元宇宙被人们普遍提及的三大特征。万物交互指在元宇宙中除人机交互外，还包括人与人、人与物、物与物、虚拟与现实的实时互动互通能力。虚实相融是指通过各种数字技术将现实世界在虚拟世界中进行构建，并将真实同化于虚拟之中，是数字孪生的高阶形态。去中心化则是元宇宙的关键技术，能够实现元宇宙中虚拟身份的认证和数字资源的认证、确权、交易、流通、变现等功能，保证数字和身份的真实与安全。元宇宙的特征预示着元宇宙时代智慧治理的前瞻性，为城市治理带来新的启示，也带来了新的可能。

1. 元宇宙有助于城市智慧治理中的风险控制

元宇宙来源于现实，又区别于现实。为了能让用户获得更真实的体验，元宇宙的内容场景必定是现实场景的映射，大到自然景观、城市建筑物，小到室内环境、个体物品。元宇宙是现实世界的数字化复制物，不直接作用于现实世界。这意味着可以利用真实的城市信息和社会多元数据在元宇宙中复刻城市，通过与人的连接，打造出精准、动态、利益相关方共同参与、持续存在的虚拟城市。虚拟性决定了元宇宙是一个天然、动态、科学的社会实验场所，为现实的城市智慧治理探索提供了可操作路径。同时，虚拟实验场所有助于城市管理者深入了解城市居民对具体技术的态度与选择机制，从而破解技术与人的困境，具有现实意义。

2. 元宇宙有助于城市智慧治理形成多元共治趋势

元宇宙是人类沉浸式参与的虚拟世界。在这个世界里，人的因素被无限放大，人们不再是外部的观察者，而是虚拟世界中活跃的参与者。人们可以随心所欲地通过增加新的维度和领域来扩展现实物理世界和创造虚拟世界。因此，"人的参与"是其最重要的特性。在平行于现实世界的虚拟城市环境中，任何人可以多层次参与到与城市系统的虚实互动、交互反馈中。管理者能预知当前城市的状态以及城市居民对治理技术的态度，帮助城市完善和自适应，为现实世界的城市智慧治理提供精确且具有现实意义的实验数据。因此，元宇宙中人普遍参与的态势能为多元共治困境提供解决途径。

3. 元宇宙有助于城市智慧治理过程中的虚实交互

元宇宙通过孪生现实，可实现随时登录、低延迟、沉浸感、强社交性、自由交易、自由创作等功能，使得在元宇宙构建现实人类社会成为可能。元宇宙中稳定的货币体系、多元的文化体系、自由开放的社交环境、沉浸式的用户参与是人类社会的基础运行框架。在这个框架中，城市居民可以通过虚拟城市中时空的变化，多层次参与城市系统的虚实互动、交互反馈，帮助城市完善和自适应，帮助管理者洞悉不易发现的城市复杂运行规律、城市问题内在关联、自组织隐性秩序和影响机制，从而为现实世界中的城市问题提前制定全局最优的应对策略，实现城市全局统一调度和协同治理。

5.4.2 元宇宙赋能城市智慧治理新模式的实现途径

城市智慧治理是科技发展与城市治理变革共同作用的产物。近年来，全国各地对城市智慧治理模式进行了多样化探索，涌现出诸多智慧治理模式，比如上海"一网通办""一网统管"的治理模式。2020年4月，上海召开"一网通办""一网统管"工作推进大会，明确两张网的建设治理思路。深度整合运用各类大数据和技术，在一个平台上对城市治理各类事项进行集成化、闭环化处置，在一个端口上实现城市治理要素、对象、过程、结果等信息的全息全景呈现，使市民与企业办事更高效、更便捷、更精准。又如雄安新区"数字孪生"治理模式。数字孪生城市建设是通过通信网、互联网、物联网和数据中台，对数字城市与现实城市同步规划和建设，现实世界与数字世界相互平行、相互映射。而数字孪生城市治理指应用数字孪生技术，将现实问题在虚拟孪生体中呈现出来，继而通过数字计算和推理实现完整表达与分析，找到治理方案。再如杭州"城市大脑"治理模式。城市大脑扮演数据处理和中枢决策的角色，它由中枢、系统、平台、数字驾驶舱和应用场景等要素构成，在算法、算力和数据等技术支持下，为城市运行和治理提供全方位的决策支撑。

三种模式尽管在一定程度上解决了当地城市发展中存在的一些问题，创新了城市治理模式和决策模式，但并未完全达到真正意义上的"智慧"，仍是小范围的实践探索。智慧治理是一个长期探索的过程，元宇宙治理模式或许是其终极形式。构建元宇宙与城市智慧治理新模式的实现途径，需经过以下三个阶段。

1. 数字孪生治理

侧重于使用孪生技术将现实世界的万事万物与孪生世界即时感应与连接，形成两个精准映射的平行世界。现实世界生成的数据与信息构成虚拟世界被人感知的基础，而虚拟世界辅助现实世界的决策与治理。在此阶段，物理维度的现实城市与信息维度的虚拟城市同步共生、逐一映射，本质就是信息世界对物理世界的对等孪生，利用城市数据构建城市数字孪生体。我国个别城市已开始试点探索，如深圳和雄安新区的数字孪生建设。

2. 虚实相融治理

在此阶段，随着仿真模拟技术和大数据技术的提升，现实世界与虚拟世界相互促进、相互作用、逐步重合。现实世界与虚拟世界实现部分融合，城市中的各个主体开始在融合领域进行探索，包括但不限于智慧技术与治理方式。值得一提的是，该阶段的突出特征是个人以组织或群体的方式开始直接参与赛博空间的智慧治理，打造理想中的智慧城市。

3. 元宇宙智慧治理

元宇宙阶段虚拟世界与现实世界融合共生，且虚拟世界的范围远大于现实世界。个人因素在智慧治理过程中起重要作用，个人直接参与虚拟世界的构建与创造，共享虚拟世界与现实世界，深度参与现实世界的治理，真正实现"共建、共享、共治"。任何人不仅可以在虚拟世界中挥洒自如，构建现实中没有的场景与事物，还可以直接与虚拟城市中的其他用户合作与博弈，形成类现实的社会运行机制，参与虚拟城市的建设和治理。该阶段的突出特征是虚拟世界

与人都成为社会实验的一部分，为现实世界的治理提供实验数据与治理依据。

5.4.3　基于元宇宙城市治理场景的设想

元宇宙作为整合性技术应用的形态，为城市智慧治理提供了无限可能。场景畅想的最终目的是更好地理解元宇宙在城市智慧治理方面发挥的作用与前景。而城市的规划、建设、管理与运营是实现智慧治理的关键，城市的应急能力与多元主体也与治理成效息息相关。因此，基于元宇宙的城市智慧治理可以衍生出诸多应用场景。

1.　城市规划与建设

城市规划与建设是城市管理的基石和依据，在指导城市未来发展中起关键性作用。城市规划包括城市空间布局与扩展方向规划、发展模式规划、运行模式规划等方面，涉及城市内部和外部的各要素以及各要素之间的相互关系，是一个复杂而又动态变化的部署过程。目前，城市管理者一般依据已有的城市规划经验做出城市的短期规划。但城市发展迅速，发展过程往往伴随人口增多、资源消耗、环境污染等现象，直接影响城市的承载力和城市发展的可持续性。不合理的规划与建设会导致城市治理难度升级，如市中心的火车站、居民区中的化工厂等问题层出不穷。

元宇宙赋能城市的科学规划和智慧建设。城市建设者和管理者可以在元宇宙中打造出不同规划方案中的城市，邀请城市居民在不同方案的城市中进行虚拟生活，灵活预演规划效果，提前发现规划的问题和缺陷，从而进行多方案的比较、研判、优化和选择。确定适合城市的规划方案后，城市建设者可以在建设动工之前在元宇宙中呈现完整的城市建设的公共设施布局、建筑结构、市政绿化等细节，甚至推演建设过程中可能出现的城市问题，供工程师、建设者和管理者全方位参考，从而实现复杂而动态变化的城市部署过程。

2.　城市管理与运营

城市是由不同的功能单元和人集合在一起的。正是人对不同单元的微观功能的多样化使用，使得未来的城市每个功能空间不再孤立存在，而是根据人们的各种需求相互关联在一起，这就使得城市的管理和运营存在不确定性和突发性。目前，城市管理者一般通过城市传感器获得海量数据，再对数据进行收集、分析和统计，以此把握城市的基础信息和状态信息。然而在实际情况下，数据收集和传输存在延时性和不精确性，管理者往往难以获取准确和及时的城市信息和各单元运行状态。对突发事件，只能以事后上报为主，无法做到及时感知和快速响应。

与传统模式不同，元宇宙有望实现管理者对城市的全局管控。基于元宇宙与现实世界实时映射、沉浸式体验和低延时的属性，现实中所有人和物都可以在元宇宙中体现。可以将所有城市问题全量映射于元宇宙，管理者和城市居民可以置身其中，以"上帝视角"全面感知城市状态，通过在元宇宙中观察事件的动态，提前发现态势的变化，模拟问题处置过程，为现实世界提供可行的预处置方案。

3. 城市应急演练

增强城市和城市居民面对各种极端挑战的应急应变能力，也是城市建设和城市安全管理的重要课题。城市中的每个主体都有责任和义务对突发危机事件做出积极反应。目前，面对应急事件，大多数管理者采用"演练为主、教育为辅"的方式，来提升公众的应急事件处置能力。然而，演练与真实情景存在较大差异，以剧本方式展开的演练缺少随机性、真实性和紧迫性，演练往往达不到预期效果。元宇宙能帮助城市决策者、管理者及城市居民更高效地体验应急事件，加强城市应急能力和城市韧性。在元宇宙的世界里，可以模拟一场又一场真实的地震、火灾、水灾、病毒传播等应急事件，全民均参与其中。整个过程能充分体现应急事件中紧张又危急的真实场景、多变态势以及人员的临场反应，不仅能增加城市决策者和管理者的应变能力和决策能力，还能提升城市居民的应急能力和生存能力，增强城市主人翁意识。

4. 城市主体多元

城市多元主体的积极参与有助于推动城市智能化和可持续发展的水平。而城市多元主体只有在以平等的姿态和主人翁的意识下参与城市治理时，才有可能在参与过程中积极贡献自身特有的资源。因此，智慧治理的目的是平衡政府、市场、城市居民之间的关系，调解群体的决策冲突，借助元宇宙技术的智慧治理更能促进社会多元主体在城市治理领域共商、共建、共享。

在元宇宙世界中，多元化的城市主体能从不同角度观察、参与、体验城市规划、城市建设、城市管理、城市运营各个环节，模拟各主体在城市运行中的利益博弈和合作过程，呈现一个近似现实世界的城市运行模式，发现城市与人的内在关联和规律、自组织隐性秩序和影响机制。甚至城市居民可以在元宇宙中创造自己理想中的城市，应用自己的城市治理方案。城市决策者和管理者就可以汇聚民间智慧，取长补短，优化城市建设，创新城市治理模式[6]。

5.5 结　语

随着城市化进程的加快，城市人口过度聚集带来了各种"城市病"。同时，城市具有复杂性、动态性、自组织性、系统性和开放性等特征。因此，城市治理过程是艰巨且漫长的。着眼城市治理的整体过程，可以概括出城市治理的理念升级、主体强化、行为转向、生态扭转和目标转换等多维转变特征，并在此基础上科学理顺城市治理的逻辑思路，最终准确指出城市治理的未来走向。城市是国家治理的重要场域，城市治理更是直接关系着整个社会的稳定性与人民的获得感。城市治理的重点在于智慧驱动，重组智慧技术与治理场景，缓解城市问题，从而达到人与城市的和谐共处。新一代信息技术在推进城市治理方面发挥了重要作用。

本章参考文献

[1] 薛泽林. 城市精细化治理：中国的理论与实践[M]. 上海：上海社会科学院出版社，2020：124.

[2] 邬伦，宋刚，吴强华，等. 从数字城管到智慧城管：平台实现与关键技术[J]. 城市发展研究，2017，6：99-107.

[3] 郐艳丽. 城市智慧治理的发展现状与完善路径[J]. 国家治理，2021，3（1）：12-14.

[4] 中共中央　国务院关于构建更加完善的要素市场化配置体制机制的意见 [EB/OL]. （2020-04-09）[2022-07-12]. http://www.gov.cn/zhengce/2020-04-09/content_5500622.htm.

[5] 梁平汉. 数据视角下智慧治理值得探讨的几个问题[J]. 国家治理，2021，3（1）：20-24.

[6] 彭国超，吴思远. 元宇宙：城市智慧治理场景探索的新途径[J/OL]. （2022-06-02）[2022-07-12]. http://kns.cnki.net/kcms/detail/44.1306.g2.20220601.1651.006.html.

附录
术语说明

第 2 章　大数据与数据科学

数据科学（data science）

这是一个新兴领域，它由一系列问题定义、算法和流程构成，可用于分析数据，从（大）数据集中提取可操作的洞察力。它与数据挖掘领域密切相关，但研究和关注范围更广。数据科学处理结构化和非结构化（大）数据，借鉴了多个领域的研究成果，包括机器学习、统计学、数据道德（data ethics）和法规，以及高性能计算（high-performance computing）。

大数据（big data）

大数据在早期通过 4 个字母 V 来定义：容量大（volume）、速度快（variety）、多样化（velocity）和价值密度低（value）。随着数据的复杂程度愈来愈高，有人提出了大数据特征新的论断，在 4V 的基础上增加了准确性（veracity）、动态性（vitality）、可视性（visualization）和合法性（validity）。

数字经济（digital economy）

数字经济是人类通过大数据（数字化的知识与信息）的识别、选择、过滤、存储、使用，引导、实现资源的快速优化配置与再生、实现经济高质量发展的经济形态。

云计算（cloud computing）

云计算是分布式计算的一种，指的是通过网络"云"将巨大的数据计算处理程序分解成无数个小程序，然后通过多部服务器组成的系统进行处理和分析，并将得到的结果返回给用户。

价值密度（value density）

价值密度是衡量一项产品的单位价值。

机器学习（machine learning，ML）

机器学习是一个专注于开发和评估可从数据集中提取有用模式算法的计算机科学研究领域。机器学习算法将数据集作为输入并返回一个模型（model），该模型对算法从数据中提取出来的模式进行编码。

人工智能（artificial intelligence）

人工智能是一门研究、开发用于模拟、延伸和扩展人的智能的理论、方法、技术及应用系统的新技术科学。

数据挖掘（data mining）

从数据集中提取有用模式以解决确定问题的过程称为数据挖掘。CRISP-DM 定义了数据挖掘项目的标准生命周期。数据挖掘与数据科学密切相关，但一般而言其研究范围更窄。

集合论（set theory）

集合论是数学的一个基本的分支学科，研究对象是一般集合。

范式（paradigm）

范式一般指已经形成模式的，可直接套用的某种特定方案或路线。

算力（hash rate）

算力也称哈希率，是比特币网络处理能力的度量单位，即为计算机（CPU）计算哈希函数输出的速度。

回归分析（regression analysis）

当所有输入属性值确定时，估计数值类型目标属性的期望值（或称均值）称为回归分析。回归分析假定输入和输出之间存在一个参数化的数学模型，通常称为回归函数。回归函数可能有多个参数，回归分析的重点是找到这些参数的正确设置。

聚类（clustering）

聚类是指确定数据集中相似实例构成的群组。

相关性（correlation）

相关性是指两个属性间的关联强度。

置信度（confidence degree）

置信度，也称可靠度、置信水平、置信系数，即在抽样对总体参数作出估计时，由于样本的随机性，其结论总是不确定的。置信区间的跨度是置信水平的正函数，即要求的把握程度越大，势必得到一个较宽的置信区间，这就相应降低了估计的准确程度。

神经网络（neural network）

神经网络是指一种机器学习模型，它是以所谓的神经元（neuron）为基础处理单位的网络。通过修改网络中神经元的拓扑结构，可以创建各种不同类型的神经网络。前馈（feed-forward）、完全连接（full connected）的神经网络是一种非常常见的网络类型，可以使用反向传播算法进行训练。

数据预处理（data preprocessing）

数据预处理是指在主要的处理以前对数据进行的一些处理，如数据清理、数据集成、数据变换等。

复杂适应系统（complex adaptive systems，CAS）

复杂适应系统也称复杂性科学（complexity science），即在微观层面具有适应能力的主体在与环境作用的过程中适应环境,在宏观层面主体与主体之间、主体与系统之间相互作用，表现为系统的涌现、非线性、层次结构等复杂的演化过程。

系统的涌现性（emergence）

系统的涌现性通常是指多个要素组成系统后，出现了系统组成前单个要素所不具有的性质，这个性质并不存在于任何单个要素当中，而是系统在由低层次构成高层次时才表现出来。

非线性系统（nonlinear system）

一个系统，如果其输出不与其输入成正比，则它是非线性的。

区块链（blockchain）

区块链亦称区域链，一种利用去中心化和去信任方式集体维护数据库可靠性的技术方案。让参与系统中的任意多个节点，通过密码学方法产生一串相关联的数据块，每个数据块中都包含了一定时间内的系统全部信息交流的数据，并生成数据指纹用于验证其信息的有效性和链接下一个数据块。可应用于银行业、支付和转账、网络安全、股票交易等领域。

分布式处理（distributed processing）

分布式处理是将不同地点的，或具有不同功能的，或拥有不同数据的多台计算机通过通信网络连接起来，在控制系统的统一管理控制下，协调地完成大规模信息处理任务的处理方式。由多个自主的、相互连接的信息处理系统，在一高级操作系统协调下共同完成同一任务。

流式处理（stream processing）

流式处理是一种编程范式，指实时地处理一个或多个事件流。

商业智能（business intelligence，BI）

商业智能指用现代数据仓库技术、线上分析处理技术、数据挖掘和数据展现技术进行数据分析以实现商业价值。

数据仓库（data warehouse）

数据仓库是面向主题的、集成的、相对稳定的、反映历史变化的一种数据集合，用于支持管理决策。主题是用户使用数据仓库进行决策时所关心的重点方面，如收入、客户、销售渠道等。

联机分析处理（online analytical processing，OLAP）

联机分析处理（OLAP）是用于描述数据仓库中典型操作的术语，与联机事务处理（online transaction processing，OLTP）相对。

它是以海量数据为基础的复杂分析技术。是数据库系统一个重要的应用场景。主要是对以往的聚集数据进行分析，支持各级管理决策人员从不同的角度，快速灵活地进行复杂查询和多维分析处理，做出各种决策。通常多个独立数据库中的数据被整合到一个数据仓库中，基于星形模型或雪花模型组织数据，通过切片、切块、旋转、向上综合、向下钻取等多个操作对数据加以分析，挖掘出包含在数据中的规则和关联信息等，进行正确的决策。实现方法有基于多维数组的存储模型、基于关系数据库的存储模型和混合前两者的存储模型三种。

超级计算机（super computer）

超级计算机亦称巨型计算机，由数百、数千甚至更多的处理器（机）组成，能计算普通计算机和服务器不能完成的大型复杂课题的计算机，在密集计算、海量数据处理等领域发挥着举足轻重的作用。

子集（subset）

子集是一个数学概念。对于两个集合 A 和 B，如果集合 A 的每个元素都是集合 B 的元素，则称集合 A 为集合 B 的子集。

沙箱（Sandbox）

沙箱是一种按照安全策略限制程序行为的执行环境。

人机交互（human-computer interaction）

人机交互是指研究系统和用户之间的交互关系的技术。系统包括各种机器以及计算机化的系统和软件。

第 3 章　数据科学在城市治理中的应用实践

数字孪生

数字孪生是一种数字化理念和技术手段，它以数据与模型的集成融合为基础与核心，通过在数字空间实时构建物理对象的精准数字化映射，基于数据整合与分析预测来模拟、验证、预测、控制物理实体全生命周期过程，最终形成智能决策的优化闭环。

高性能计算（high-performance computing，HPC）

高性能计算是指使用高性能的计算机或将多个计算机系统连接在一起，处理并行数值计算等大型复杂问题的计算技术。不仅追求计算的高速度，更追求高性能的综合指标，是信息领域的前沿高技术，在保障国家安全、促进尖端武器发展等方面具有重要意义。

高性能数据分析（high-performance data analytics，HPDA）

高性能数据分析泛指利用 HPC 资源的数据密集型负载，包括大数据和 AI 负载。它将超算与数据分析结合起来，利用超级计算机的并行处理来运行强大的分析软件，速度超过万亿次浮点运算。通过这种方法，可以快速检查大型数据集，并对它们所包含的信息得出结论。

IaaS（infrastructure as a service，**基础设施即服务**）

IaaS 指把 IT 基础设施作为一种服务通过网络对外提供，并根据用户对资源的实际使用量或占用量进行计费的一种服务模式。在这种服务模型中，普通用户不用自己构建一个数据中心等硬件设施，而是通过租用的方式，利用互联网从 IaaS 服务提供商获得计算机基础设施服务，包括服务器、存储和网络等服务。

SaaS（software as a service，**软件即服务**）

SaaS 平台供应商将应用软件统一部署在自己的服务器上，客户可以根据实际工作需求，通过互联网向厂商定购所需的应用软件服务，按订购服务的多少和时间长短向厂商支付费用，并通过互联网获得 SaaS 平台供应商提供的服务。

PaaS（platform as a service，**平台即服务**）

PaaS 是云计算的重要组成部分，提供运算平台与解决方案服务。在云计算的典型层级中，PaaS 介于 SaaS 与 IaaS 之间。PaaS 将支撑平台，包括编程语言、操作系统和软件工具，作为一种服务提供给用户使用，使后者能把自己获取或者创建的应用部署到该平台上。用户不需要管理与控制云端基础设施（包含网络、服务器、操作系统或存储），但需要控制上层的应用程序部署与应用托管的环境。PaaS 提供软件部署平台（runtime），抽象掉了硬件和操作系统细节，可以无缝地扩展（scaling）。开发者只需要关注自己的业务逻辑，不需要关注底层。即 PaaS 为生成、测试和部署软件应用程序提供一个环境。

零信任网络访问（zero-trust network access，**ZTNA**）

零信任网络访问是一种安全体系结构，它仅将来自经过身份验证的用户、设备和应用程序的流量授予组织内其他用户、设备和应用程序的访问权限。

第 4 章　数据科学在城市治理中的困境

数据孤岛（isolated data island）

企业发展到一定阶段，出现多个事业部，每个事业部都有各自数据，事业部质检的数据往往都各自存储，各自定义。每个事业部的数据就像一个个孤岛一样无法（或者极其困难）和企业内部的其他数据进行连接互动，这样的情况就称为数据孤岛。简单说，就是数据间缺乏关联性，数据库彼此无法兼容。在企业信息化中，专家学者专业人士把数据孤岛分为物理性和逻辑性两种。物理性的数据孤岛指的是，数据在不同部门相互独立存储、独立维护，彼此间相互孤立，形成了物理上的孤岛。逻辑性的数据孤岛指的是，不同部门站在自己的角度对数据进行理解和定义，使得一些相同的数据被赋予了不同的含义，无形

附 录
术语说明

中加大了跨部门数据合作的沟通成本。

异常检测（anomaly detection）

异常检测是指通过寻找并界定与用户正常行为或系统正常运作不同的行为来检测入侵活动的技术。常用于搜索和识别数据集中非典型数据实例。这些非典型实例通常被称为异常值或离群点。此过程通常用于分析金融交易，以识别潜在的欺诈活动并触发相应的调查。

关联规则挖掘（association-rule mining）

关联规则挖掘是一种基于规则的机器学习算法，它的目的是利用一些度量指标来分辨数据库中存在的强规则。属于一种无监督的数据分析技术，旨在查找经常共同出现的项集。经典的用例是商场购物篮分析，零售商试图识别一起购买的商品，如热狗、番茄酱和啤酒。

元胞自动机（cellular automata，CA）

元胞自动机是一类模型的总称，或者说是一个方法框架。其特点是时间、空间、状态都离散，每个变量只取有限多个状态，且其状态改变的规则在时间和空间上都是局部的。

纳什均衡（Nash equilibrium）

纳什均衡是博弈论中的一种解的概念，即满足后述性质的策略组合：任何一位玩家在此策略组合下单方面改变自己的策略都不会提高自身的收益。

第 5 章　城市治理的未来

元宇宙（Metaverse）

元宇宙是一种整合虚拟现实、增强现实、数字孪生、云计算、大数据、区块链、人工智能等技术而产生的新型虚实相融的互联网应用。

"互联网+"

"互联网+"即"互联网+传统行业"，以互联网为基础设施和实现工具的经济发展新形态。随着科学技术的发展，利用信息和互联网平台，使得互联网与传统行业进行融合，利用互联网具备的优势特点，创造新的发展机会。"互联网+"通过其自身的优势，对传统行业进行优化升级转型，使得传统行业能够适应当下的新发展，从而最终推动社会不断地向前发展。